AF359079

H. DECLERCQ

A SES CONCITOYENS;

OU

LE PATRIOTISME OPPRIMÉ.

ENFIN il est fait cet acte d'autorité, que mes ennemis ont provoqué, et qui va me donner l'occasion de dévoiler leurs coupables intrigues : une administration supérieure a laissé surprendre sa religion ; le Conseil du Département m'a suspendu dans mes fonctions de Maire de la ville de Bailleul (1).

Mon premier devoir est de m'y soumettre : le second de me justifier : aussi insensible au pouvoir, qu'avide de l'estime de mes Concitoyens, je n'écrirai pas pour rentrer dans une place que je n'ai jamais demandée ni attendue.

J'avoue que je ne pourrois soutenir l'idée seule d'avoir perdu la confiance des Mandataires du Peuple, si je ne savois, que des méchans se sont emparés de leur esprit, en présentant sous le masque d'une popularité exagérée, des dénonciations, qui n'ont d'autre but que de faire taire l'homme qui se sent le courage de dire la vérité à ses semblables, aux dépens de sa propre réputation.

---

(1) Je ne connois pas encore cet Arrêté officiellement ; mais il est certain qu'il existe, on m'a même assuré que le Département m'y dénonce à l'Accusateur-public, et que quatre Officiers-Municipaux sont suspendus avec moi : je ne veux pas attendre l'arrivée de cet Arrêté aussi étonnant que partial pour me justifier, voilà pourquoi j'envoie aujourd'hui 8 Février, ce Mémoire à la presse.

A

1792.

Tel a toujours été le sort de ceux qui ont osé écrire contre les préjugés reçus par le plus grand nombre..... Les sots ont trouvé des Tribunaux qui ont sanctionné leurs erreurs, et l'homme de bien fut persécuté pour ses vertus même.

Ici deux espèces d'accusations sont portées contre moi ; la première d'avoir soutenu des Prêtres insermentés, et refusé d'exécuter leur déportation ; la seconde d'avoir jeté du blâme dans mes écrits sur quelques Lois générales de la République.

Ces différentes accusations se trouvent dans les questions qu'on m'a faites au Conseil-général du Département, et que le lecteur trouvera ici littéralement : je transcrirai aussi mes réponses : j'y ajouterai mes observations ; mais avant tout, il est nécessaire que je dévoile les intrigues, par lesquelles on est parvenu à me faire mander au Département pour rendre compte de ma conduite.

J'ai déjà dit dans une Adresse pour laquelle j'ai été aussi calomnié, et qui trouvera sa place dans cette justification, que par son Arrêté du 6 Juillet dernier, le Directoire du Département a suspendu de leurs fonctions les Maire, Officiers Municipaux et Procureur de la Commune de cette Ville ; que je fus nommé pour exercer les fonctions de Maire pendant la suspension (1) ;

---

(1) Voici la lettre que m'écrivit alors le Directoire du District.

Hazebrouck, ce 7 Juillet 1792, l'an 4me.
de la Liberté.

M O N S I E U R ,

Le Département ayant suspendu le Corps Municipal de la ville de Bailleul, par son Arrêté du 6 de ce mois, et chargé le Directoire du District de nommer des Commissaires pour remplir ses fonctions, nous vous avons nommé le premier de ces Commissaires, n'ayant pas trouvé de Citoyens plus dignes que vous: et si nous n'avons pu que vous nommer, la Patrie vous ordonne d'accepter: votre patriotisme, nous n'en doutons pas, sera au dessus de toutes ces considérations, et vaincra tous les obstacles : d'ailleurs nous nous ferons toujours un devoir d'aider

ce n'est pas à moi de faire l'apologie de mon administration ; j'aurois quelques observations à faire sur ma
conduite comme Fonctionnaire public, mais elles se
trouvent dans l'Adresse dont je viens de parler, et qui
sera imprimée ci-après ; je répéterai seulement, que vers
la fin d'Octobre, le Corps Électoral du District demanda
la déportation de tous les Prêtres qui y existoient encore, et il y en avoit dans cette Ville qui, non assujettis au serment, se comportoient paisiblement, et ne
firent pas servir la Religion de prétexte pour décrier la
Révolution ; les Commissaires-Municipaux écrivirent en
leur faveur aux Commissaires de la Convention Nationale
à l'Armée du Nord ; les Prêtres leur présentèrent en
même-temps une Requête, où ils prêtèrent par écrit le
serment de maintenir la Liberté et l'Égalité, et ils furent
accueillis de ces Commissaires, qui suspendirent l'effet
de leur déportation par la lettre suivante, adressée aux
Commissaires-Municipaux de cette Ville.

Lille, le 27 Octobre 1792, l'an premier
de la République Françoise.

C I T O Y E N S ,

Les Ecclésiastiques, dont vous nous parlez dans votre
lettre du 25 courant, doivent être sous la protection des

un Citoyen, que nous avons eu l'avantage de connoître
comme Collègue et Ami : vous trouverez ci-joint une
copie authentique de l'Arrêté du Département, et une
liste de tous les Citoyens que nous avons nommés, notre
intention est que vous entriez en activité Lundi prochain,
et vous ferez la convocation : nous vous envoyons toutes
les lettres que vous aurez la bonté de faire remettre à
leurs adresses ; vous sommerez, avant d'entrer en activité, la Municipalité actuelle de ne plus exercer aucune
fonction du moment que vous aurez prêté le serment, et
vous ferez connoître votre mise en activité par une Pro-
clamation, que vous ferez lire, publier et afficher à la
bretecque.

Les Administrateurs composant le Directoire
du District d'Hazebrouck. Signés, J.
CATTOIR, VAN BAMBEKE, J. B. SCHA-
BAILLIE, WOUSSEN et CAMPAGNE.

Lois, aussi long-temps qu'ils ne les violent pas. La persécution fait les martyrs, et aujourd'hui que nous sommes sûrs de ne plus être trahis par une Cour perfide; que nos armes victorieuses font par-tout trembler les ennemis de la Liberté et de l'Egalité, nous ne devons en être que plus généreux, même envers les malveillans; surveillons-les, empêchons-les de nuire, nous le pouvons, mais n'exerçons pas des rigueurs injustes et déplacées.

Ainsi, nous vous invitons à protéger ces Citoyens, dont vous nous avez rendu bon témoignage, et de vous opposer autant qu'il sera en vous, à ce qu'il ne leur soit fait aucune violence, aussi long-temps qu'ils ne troubleront point l'ordre public, et qu'ils se conformeront aux Lois.

Les Commissaires de la Convention Nationale à l'Armée du Nord. Signés, J. J. DE BELLEGARDE, J. F. DELMAS et P. N. DUHEM.

C'est depuis cette époque que les fanatiques constitutionnels, et leurs dupes, se remuent en tous sens pour calomnier les Commissaires municipaux, et moi particulièrement; ils nous accusent d'avoir surpris la religion des Commissaires de la Convention, parce que nous ne leur avions pas dit: que les Prêtres de qui nous rendions témoignage, n'avoient pas les mêmes sentimens qu'eux, sur la Constitution Civile du Clergé.

Forts de la Lettre des Commissaires de la Convention, ces Prêtres restèrent en cette Ville; le jour fixé pour l'élection d'une Municipalité, ils se rendirent dans leurs Sections respectives, y prêtèrent, comme tous les autres Citoyens, le Serment de fidélité à la République, le maintien de la Liberté et de l'Egalité, ou de mourir en les défendant, et exercèrent ainsi dans toutes leurs plénitudes, leurs droits politiques.

Malgré des démarches si peu équivoques, malgré un serment aussi auguste, et qui prouve leur bonne foi contre les calomniateurs, chaque jour leur amena une nouvelle persécution, sous prétexte que leur présence attiroit en cette Ville, un grand (1) nombre d'Habitans des

____

(1) Il n'est pas étonnant que beaucoup de monde venoit

autres Communes par préférence pour leurs Messes ; alors ces Prêtres en députèrent trois d'entr'eux auprès de la Convention , qui, dans ce moment sont encore à Paris , et sollicitent la confirmation de la Lettre des Commissaires, *Duhem, Delmas et Bellegarde.*

Le 14 Novembre , le Citoyen Matteys élu Curé constitutionnel de cette Ville, écrivit à la Municipalité , que le 18 en suivant il se rendroit à la Maison Commune , pour ensuite être installé à l'Église , comme Curé salarié par la Nation. Je prononçai à cette occasion , un Discours dans les grands principes de Liberté, que j'ai toujours professés, et ce Discours même, a servi de prétexte pour me calomnier; aussi vais-je le faire imprimer dans cette justification, afin que le Public puisse juger et convenir avec moi , qu'il n'y a pas jusqu'à l'évidence même , que les sots nient lorsqu'ils sont prévenus contre l'homme qui ne flatte pas leurs erreurs et leurs préjugés.

Le Citoyen Matteys n'étoit pas plutôt installé , que le très-petit nombre d'Anarchistes qui se trouve dans cette Ville , tâcha de s'en emparer , et de le faire servir d'instrument à semer la discorde et perdre les Officiers-Municipaux dans l'esprit de leurs Concitoyens; j'avois jusqu'alors regardé le Citoyen Matteys comme un homme sans reproches ; j'avois vu des Certificats donnés d'une manière honorable pour lui, par plusieurs Évêques, Curés et Chapitres, où il avoit desservi des fonctions Ecclésiastiques; mais je ne tardai point à m'appercevoir qu'il étoit intolérant et ambitieux, comme sont en général, tous les Prêtres.

Le 25 Novembre , jour fixé pour chanter l'Hymne des Marseillois sur la Grand'place de cette Ville, il envoya à la Municipalité une Lettre , par laquelle il déclara cet Hymne , qu'il prit pour une absolution générale , nul ,

---

les Dimanches et Fêtes entendre messe à Bailleul ; la plupart des Paroisses voisines n'avoient alors, et n'ont pas encore des Curés, et s'il existe des Paroisses où il y en a, les Curés constitutionnels sont intolérans, et ne veulent pas permettre qu'un Prêtre sermenté dise la messe dans l'Église, lorsqu'il n'a pas la même opinion qu'eux sur la Constitution civile du Clergé.

et de nul effet. Voici la propre Lettre mot pour mot, et lettre par lettre.

Citoyens Maire et Municipaux,

« Attendu que vous voulez vous approprier d'un « pouvoir qui n'est pas de votre compétence ,

« Je déclare l'absolution générale qui sera donnée sur « votre Chambre, nulle, et d'aucune valeur, en sus- « pendant tout Prêtre de faire un tel attentat à tout.

Signé, J. J. F. MATTEYS, Curé de Bailleul.

« Donné à mon église (1), le 25 de Novembre, pre- « mière année de la République.

J'oubliois de dire, que quelques jours avant l'ins- tallation du Curé, j'eus avec lui une conversation à la Chambre Municipale, où je l'engageai à se montrer tolérant ; que c'étoit le seul moyen de vivre tranquille en cette Ville, et de rendre heureux nos Concitoyens ; je ne pouvois lui offrir d'exemple plus frappant que nous-mêmes ; je lui disois qu'à l'aide de ces principes il attireroit sur lui, sinon la confiance spirituelle , au moins le respect de tous les hommes de bien ; il me répondit qu'il seroit tolérant, qu'il l'avoit toujours été, mais qu'il n'enterreroit pas les Corps de ceux, qui, pendant leur vie, ne lui avoient pas donné leur con- fiance ; sur quoi je me souviens très-bien, lui avoir observé, que je les aurois enterré moi-même , afin de maintenir la paix et la tranquillité parmi nos Conci- toyens ; que j'y attachois mon bonheur, et que j'aurois tout fait pour préserver notre Ville des dissentions in- testines et religieuses qui éclatent de tout coté : cepen- dant , par une inconséquence dont on ne peut trouver le motif, que dans le désir de semer des troubles, il s'empara par la suite de tous les cadavres qui se présentèrent. Une femme meurt, les parens, confor- mément à la faculté que leur laisse la loi, qui déter- mine le mode de constater l'état civil des Citoyens,

____

(1) C'est ainsi que les Prêtres ont toujours parlé, *mon Église, mes Ouailles*, il n'y a pas loin de l'in- tolérance et de l'intolérance à la domination.

la font enterrer, par le Ministre, qui a joui de sa confiance ; mais bientôt surviennent quatre à cinq hommes, qui, de concert dans cette expédition, avec le Curé Matteys, attendoient le corps mort, chassent les porteuses, et mettent le cadavre en terre ; le même fait arriva plusieurs fois dans la suite, enfin il écrivit à la Municipalité, la Lettre suivante.

A Bailleul, le 20 de Décembre 1792 ,
l'an 1er. de la République.

Citoyens Maire et Municipaux ,

« Étant à l'Église cejourd'hui, sur les dix heures
« et demie , y est arrivé un corps mort suivi d'un Prêtre
« qui a dit la Messe , après laquelle je me suis présenté
« pour faire l'enterrement, mais le célébrant sans entrer
« dans la Sacristie , est allé pour l'enterrer lui-même
« sans me parler ; craignant du trouble, j'ai différé
« jusqu'après l'enterrement ; alors je lui ai demandé de
« quelle autorité il venoit de faire cette fonction ; sa
« réponse fut : que prié des parens , il étoit par-dessus
« ce , autorisé de vous à ce faire.

» Je vous prie en ce cas , vouloir bien me certi-
« fier de ce qui en est , ou non , et par écrit, s'il
« vous plaît , pour ma détermination.

Votre Concitoyen ,
J. J. F. Matteys, Curé de Bailleul.

La Municipalité délibéra le même jour, qu'il seroit fait une réponse au Citoyen Curé, mais lorsque je lui présentois mon projet, il ne plut pas ; de sorte que ja réponse est encore à faire. Dans cette incertitude , je lui écrivis moi-même, la Lettre suivante.

Bailleul, le 29 Décembre 1792 , l'an 1er.
de la République Françoise.

Citoyen,

Vous avez exigé de la Municipalité, une réponse par écrit, à votre Lettre du 20 de ce mois ; elle a déli-béré, et a laissé là sa réponse. Plus ferme qu'elle, je ne craindrai point de vous annoncer la vérité ; fort de mes principes et de la raison, je n'écouterai que la voix de la justice, et je ne me laisserai emporter, que par l'impulsion des Lois.

Lisez attentivement l'article VIII du titre VI de la Loi du 20 Septembre dernier, que je vous ai déjà cité, et vous trouverez là, la réponse à votre Lettre toute préparée : méditez-la avec sang froid et impartialité, et vous resterez convaincu, que l'enterrement n'est plus une fonction publique, attachée à tel ou tel Ministère, mais un dernier devoir rendu aux mânes d'un mort, dépendant de la confiance des parens, ou même de la dernière volonté du défunt.

Au nom de la Patrie, agissons donc de concert ; donnez avec nous l'exemple de la tolérance : faisons rougir nos détracteurs, et sachons par une conduite sage et prudente, conserver la paix et la tranquillité parmi nos Concitoyens : c'est là le principal but de notre ministère.

Aussi, n'est - ce qu'avec peine, que je dois vous reprocher ici le peu d'attention que vous faites au serment de Liberté, que vous avez prêté à votre installation : vous vous rappelez, sans doute, de la première visite que vous avez faite à la Municipalité ; ce que je vous dis alors, et les réponses que vous me fîtes ; entrez en vous-même, comparez les principes que vous y professiez, comparez-les avec votre conduite actuelle, et vous serez obligé d'avouer, que vous êtes peu semblable à vous-même. (1) Vous

---

(1) Ceci a trait à l'enterrement des morts, qui, pendant leur vie, n'avoient pas donné leur confiance au Citoyen Matteys, alors il me disoit ne vouloir les enterrer, parce qu'il pensoit qu'ils n'auroient trouvé personne à leur rendre ce dernier devoir ; mais voyant que la Loi laissoit la faculté aux Citoyens d'enterrer leurs parens par le Ministre qui avoit joui de leur confiance, alors, l'intolérance s'empare de lui, et à son tour, de concert avec quelques sectaires, il s'empare des cadavres, les met lui-même en terre, et montre dans sa conduite un contraste inoui de contradictions de principes. Nous devons nous borner aux conjectures ; Dieu seul en connoît les motifs.

Vous sied-il de colporter vous-même de maison en maison des Adresses d'intolérance et de fanatisme? est-ce à un homme qui exerce un ministère purement de persuasion, à vouloir contraindre à penser et agir avec lui? de telles actions, croyez-moi, dénotent une ame basse, anti-philosophe, et peu faite pour un gouvernement qui a pour base, la Liberté et l'Egalité.

Soyez persuadé, Citoyen, qu'il vous seroit infiniment plus avantageux, ainsi qu'au public, si vous vous concertiez avec nous, plutot que d'aller vous confier à des brouillons, à des hommes souvent sans mœurs, comme sans religion. En tous cas, vous ferez bien de vous souvenir souvent que la Loi règne, et que ses organes ne s'abaissent plus devant la Casuble.

Votre Concitoyen,
H. Declercq, Maire.

Lorsque j'écrivis la Lettre que vous venez de lire, je savois déjà que mes ennemis étoient parvenus à me faire mander au Département pour rendre compte de ma conduite, mais rien ne put m'arrêter dans mes devoirs, ni m'engager à composer avec les principes

Dès le 19 auparavant, j'avois prévu leurs manœuvres, et en conséquence, j'écrivis au Département, la Lettre suivante.

Bailleul, le 19 Décembre 1792, l'an 1er
de la République Françoise.

CITOYENS,

La rumeur publique, cet avant-courrier souvent fidèle, m'annonce que des méchans m'ont calomnié auprès de vous, et que je vais être mandé au Département, pour rendre compte de ma conduite. Une ame fière et Républicaine cherche la lumière, ne calcule point, ne craint rien sur la terre, fait tout le bien dont elle est capable, et se réjouit en secret du souvenir de ses bonnes actions : n'hésitez donc point, Citoyens, de me demander compte de mon Administration, si elle peut vous avoir été suspecte; tout ce qui me désole, c'est que mes affaires domestiques ne me permettent pas de devancer ma Lettre.

Le Maire de Bailleul.
Signé, H. Declercq.

B

L'un de ceux qui m'ont le plus servi auprès du Département : c'est le Citoyen Baelde, Principal du Collége, qui m'en vouloit depuis long-temps, parce qu'avec l'autorisation du District et par commission des Commissaires-Municipaux, j'avois logé un Bataillon de Gardes Nationales dans un emplacement qui servoit ci-devant de sodalité, ainsi qu'au grenier du Collége, en prenant en outre, quatre places de l'habitation, pour servir de logement aux Officiers. Ces logemens avoient été faits sur les justes plaintes de nos Habitans, qui souffroient du logement des Militaires.

Baelde, qui jouissoit encore à lui seul avec deux pensionnaires du restant du Collége, se plaignit au District, de ce qu'il n'avoit plus que quinze chambres, et sans entendre la Municipalité, le District lui défendit d'y loger encore des Troupes. Ce fut dans une des Pétitions qu'il présenta à ce sujet au Département, qu'il me déchira d'une manière outrageante ; le mensonge et l'impudence, la rendirent volumineuse, et je me suis trouvé obligé de m'adresser auprès du Juge de Paix, pour le faire déclarer calomniateur, comme il l'a été en effet. Je transcrirai ci-après le Jugement.

Ce même Baelde, ne se contenta pas de calomnier ainsi ses Concitoyens, il adressa deux autres plaintes au Département; l'une contre un Arrêté du Conseil Général de la commune, qui avoit pourvu la pauvre École des filles, d'une Directrice sous l'agréation du Département. Je fus instruit de sa réclamation, et j'écrivis en conséquence la Lettre que voici.

Bailleul, le 21 Décembre 1792, l'an 1er.
de la République Françoise.

CITOYENS ADMINISTRATEURS,

La Municipalité de cette Ville reçoit aujourd'hui, par l'intermédiaire du District, une Lettre de votre Procureur-Général-Syndic, du 16 de ce mois, qui commence ainsi : « Le Citoyen Baelde Principal du Collége National « de Bailleul, a présenté il y a quinze jours environ, une « Pétition au Directoire du Département, par laquelle il « lui dénonce la négligence criminelle de la Municipalité « de cette Ville, à faire exécuter la Loi relative à la « prestation du serment, exigé des individus, exerçant

« des fonctions dans le Département de l'éducation , no-
« tamment à l'égard de ceux chargés de la direction de la
« pauvre École publique de Bailleul.

C'en est trop , Administrateurs , je m'étois fait une Loi
de ne jamais répondre aux calomnies du Citoyen Baelde ,
mais son effronterie me force à rompre le silence.

L'ancienne Municipalité de cette Ville , avoit été suspendue en Juillet dernier , en partie pour avoir négligé de
requérir le serment de la Directrice de la pauvre École
des filles de cette Ville. Aussitôt leur installation , les Commissaires-Municipaux firent sommer la Directrice de prêter le serment , elle le refusa ; alors ils ont fait des Proclamations sur Proclamations , pour engager leurs Conci-
toyennes à se présenter pour remplir cette place ;
personne ne se présenta , jusqu'à environ trois semaines ,
qu'il parvint une Pétition de la Citoyenne Baelde ; alors
trois autres Citoyennes se présentèrent , et je fis assembler
le Conseil-général pour les lui soumettre ; le Conseil-
Général a jugé à propos de donner la place au scrutin de
pluralité de voix ; sur trente votans la Citoyenne Verhaleweghe a réuni dix-sept voix , la Citoyenne Deheere onze ,
et la Citoyenne Peelman deux ; la Citoyenne Baelde n'ob-
tint aucun suffrage , et la première ayant réuni la pluralité absolue , a été installée Directrice de la pauvre École.

Vous voyez , Administrateurs , que le Citoyen Baelde
n'a pas grand crédit auprès de notre Conseil-Général ,
tous les Membres qui le composent , le connoissent comme
moi , intriguant et souple , ayant une place de Principal ,
convoitant celle de juge du Tribunal , dont il est le premier suppléant , et en sus la Direction de la pauvre École
des filles , pour sa demoiselle.

Le Conseil-général sait comme moi , que le Citoyen
Baelde fait le commerce de Dentelles, que la pauvre École
des filles se soutient de ce genre de travail , et qu'il est
incompatible et plus que dangereux , de confier la Direction à une fille , dont le père est intéressé dans ce commerce.

Le Conseil-Général connoissoit aussi les mœurs de la
Citoyenne Verhaleweghe , il savoit qu'elle n'est pas vola-
ge , et qu'elle est plus propre à cette place , que la demoiselle Baelde.

Pour ce qui regarde les actes de civisme du Citoyen Baelde, dont parle votre Procureur-Général-Syndic, il remporte la Palme, si c'en est un que de dénoncer des bons Citoyens, et de noircir les bons Patriotes.

Fatigué de ses dénonciations, j'aurois cru faire une bassesse que d'attaquer en justice un si vil sujet, mais il m'a poussé à bout, et je vais le traduire devant le Juge de Paix, et lorsqu'il aura prononcé, je vous ferai parvenir copie du Jugement, pour *sa honte*, ou *la mienne*.

Le Maire de Bailleul,
Signé, H. DECLERCQ.

La seconde plainte rédigée par le Citoyen Baelde, dans la maison du Curé, et colportée de maison en maison par ledit Curé, accompagné d'un recruteur (1), tendoit à la fermeture de deux Oratoires, déclarés Nationaux par le Département, et à faire exécuter la déportation demandée par le Corps Électoral ; je n'ai jamais vu cette dernière

---

(1) Voici la déclaration du Recruteur.

L'an 1792, 1er. de la République Françoise ; le Maire ayant observé que le Citoyen Chieux s'étoit présenté en différentes maisons de la Ville, accompagné du Citoyen Matteys, Curé de cette Ville, salarié par la Nation, il fut résolu d'appeler ledit Chieux, à effet de savoir par lui-même, quel avoit été l'objet de cette démarche ; lequel interrogé du motif qui l'avoit porté à faire ces visites extra-ordinaires et suspectes, nous répondit : qu'ayant été appelé chez le Curé susdit, où étoit le Citoyen Baelde, Principal, qui avoit fait une Pétition et qu'ils lui proposèrent d'accompagner le Curé chez les Patriotes, afin d'obtenir leurs signatures, pour faire fermer les Églises, et que lui, Chieux, a accompagné le Curé chez différens Patriotes, qui, les uns y ont apposé leurs signatures, et que les autres l'ont refusé ; de tout quoi, nous avons dressé le présent procès-verbal, qu'il a signé avec nous. Fait à Bailleul, le 16 Décembre 1792, l'an 1er. de la République.

Signé, H. DECLERCQ, Maire, P. H.
AERNOUT, et la marque de Jean
CHIEUX.

plainte, et il me seroit impossible de répondre aux calomnies, qui s'y trouvent, sans doute répandues.

C'est cette plainte, qui en partie a provoqué l'Arrêté du Département, qui m'a mandé pour rendre compte de ma conduite ; je le savois, c'est pourquoi j'ai encore écrit le même jour 21 Décembre, la Lettre suivante.

Bailleul, le 21 Décembre 1792, l'an 1er.
de la République Françoise.

CITOYENS,

Plus je réfléchis à la Lettre de votre Procureur-Syndic, plus je reste pénétré de l'impression que vous auront faites les dénonciations du Principal ; mais avant de me juger, daignez, je vous prie, envoyer à mes frais des Commissaires à Bailleul, fussent-ils les amis intimes de Baelde, pourvu que ce ne soit pas lui, je suis persuadé que leur rapport ne pourra que me faire honneur, je rendrai en même-temps, compte de tout ce que ma conduite auroit pu avoir de suspect, et alors, quand ma probité sera vengée, je vous prierai d'accepter ma démission ; jamais je n'ai cherché le pouvoir, je l'ai fui, j'en fus poursuivi et il me jeta dans ses chaînes. Que ne me laissoit-on chez moi ? là, j'étois tranquille, là, je m'occupois de mon commerce, et s'il me restoit un moment de loisir, il étoit consacré à m'instruire, et faire part ensuite à mes Concitoyens du fruit de mon travail ; si je me suis trompé, ce ne peut jamais avoir été qu'une erreur de mon esprit, et non de mon cœur ; j'ai voulu être utile, j'abhorre les divisions, et je me suis sur-tout attaché à combattre les préjugés de religion, comme les plus dangereux, et certes il ne tiendra pas à moi qu'on ne leur susbstitue la saine morale ; ils détruisent l'esprit public, et ne rendent les hommes, ni meilleurs, ni plus vertueux. Loin de leur inspirer des vertus sociales, ils en sapent les véritables fondemens, en les rendant essentiellement injustes, inhumains, emportés, malfaisans.

Je suis homme, je peux me tromper, mais comme j'agirois contre ma conscience, si j'agissois en sens contraire ; j'aime mieux de me démettre de ma place, que d'agir contre ma propre conviction, et d'être continuellement en but vis-à-vis l'Administration supérieure. J'atteindrai par ce moyen le double but du bien particulier et du bien public, étant remplacé par un homme d'un âge plus mûr, plus instruit et plus courageux.

Veuillez, Citoyens, m'accorder ma demande, c'est celle d'un vrai Républicain, convaincu de la pureté de ses actions, comme de ses sentimens.

Le Maire de Bailleul,
Signé, H. DECLERCQ.

Le 29 ensuivant, j'ai envoyé au Département le jugement que j'avois obtenu contre Baelde, avec la Lettre suivante.

Bailleul, ce 29 Décembre 1792, l'an 1er.
de la République Françoise.

CITOYENS ADMINISTRATEURS,

Je vous ai promis de vous envoyer expédition du jugement, à intervenir entre le Principal Baelde et moi, et je tiens ma parole : sa seule lecture vous convaincra *à la honte* de qui elle a été prononcée. Et lorsque je paroîtrai devant vous, je vous apprendrai des choses plus graves encore, si les interpellations que vous daignerez me faire, l'exigent.

Le Maire de la Ville de Bailleul,
Signé, H. DECLERCQ.

Du 26 Décembre 1792, l'an 1er.
de la République Françoise, qua-
tre heures de relevée.

Les Citoyens Honoré DECLERCQ et Pierre AERNOUT, ayant fait citer le vingt-deux de ce mois devant nous, Jean-Baptiste-Louis DEKYTSPOTTER, Juge de Paix de la Ville de Bailleul, le Citoyen Sixte BAELDE, Principal au Collége National de ladite Ville, pour avoir inséré dans une Pétition par lui adressée aux Président et Citoyens Administrateurs du Département du Nord, en parlant desdits DECLERCQ et AERNOUT, le fait suivant : « leur incivisme « et la sécurité publique, nous enseigne de vous dénon- « cer encore, qu'ils n'ont pas trouvé de délicatesse de « résister à leurs Collégues, proposans de se munir de « Cartouches pour le service de la Garde, si avant qu'ils « quittèrent la séance avec dépit, malgré qu'alors, des « long-temps la Patrie étoit déclarée en danger, et qu'il

« n'y en avoit pas en proportion d'une , par chaque Ci-
« toyen-Soldat , comme l'ont dit leurs collègues , « fait
qu'ils disent être faux et calomnieux , en concluant en
conséquence , à ce que ledit Citoyen Baelde , ait à le
reconnoître comme tel ; qu'il lui soit fait défense de se
livrer à l'avenir , à des injures et calomnies envers eux ,
et pour l'avoir fait ainsi qu'il est expliqué ci-dessus , il
soit condamné en quarante-huit livres Tournois de dommages et intérêt , envers eux et aux dépens , et à ce qu'il
soit permis en outre , de faire imprimer et afficher le
Jugement , à intervenir dans un nombre d'exemplaires
proportionné à la somme susdite , qu'ils déclarent destiner
à cet effet.

Nous Juge de Paix susdit , de l'avis des Citoyens Bau-
douin , Schabaillie et Louis Debrouer , nos Assesseurs ,
après avoir en exécution de notre Jugement du 24 de ce
mois , qui , en déboutant ledit Citoyen Baelde de l'exception de Litispendance par lui alléguée ordonne aux parties
respectives , que nous avons trouvé contraire en faits , de
faire preuve par témoin , procédé les 24 et 25 de ce mois ,
à l'audition des témoins , présentés par chacune des parties,
et entendu icelles contradictoirement en leurs observations ; disons , que c'est à tort que le Citoyen Baelde a
inséré le fait , dont s'agit dans sa Pétition adressée au Département , et pour l'avoir fait , le condamnons à reconnoître le même fait comme faux et calomnieux , lui faisons
défense de se livrer à l'avenir , à des injures et calomnies
envers lesdits Citoyens Honoré Leclercq et Pierre
Aernout , le condamnons en outre , en quarante-huit
livres Tournois de dommages et intérêts , envers eux et
aux dépens , leurs permettons en outre , de faire imprimer
et afficher le présent Jugement , dans un nombre
d'exemplaires , proportionné à la somme susdite.

Ainsi jugé et prononcé par nous , Juge de Paix , les
jour , mois et an que dessus . *Signé* , B. Schabaillie ,
L. J. B. Dekytspotter et L. Debruque.

« Pour copie conforme à la minute étant au Greffe de
« la justice de Paix de la ville de Bailleul . délivré par
« nous Greffier soussigné : à Bailleul , le 29 Décembre
« 1792 , l'an premier de la République Françoise. »

Signé , Smaggue.

Ce fut aussi le 29 Décembre que deux Commissaires du District apportèrent à la Municipalité l'Arrêté du Département du 24 de ce mois, qui déclara 1°. que malgré les ordres des Commissaires de la Convention, tous les Prêtres qui se trouvoient en cette Ville, seroient déportés, ou menés à la Guienne. 2°. que tous les Oratoires Nationaux seroient fermés, à l'exception de l'Eglise du Curé salarié par la Nation. 3°. Que j'aurois à me rendre à Douay aux séances du Département du 5 Janvier, pour y rendre compte de ma conduite : voici cet Arrêté.

Extrait du Registre aux Arrêtés du Directoire du Département du Nord.

Vu par nous Administrateurs composant le Directoire du Département du Nord, la lettre à nous adressée par le Directoire du District d'Hazebrouck, le 28 Novembre dernier, copies y jointes d'une lettre des Commissaires-Municipaux de Bailleul, écrite à l'Administration du District d'Hazebrouck, le 6 Octobre dernier ; d'une autre lettre écrite par les Commissaires de la Convention Nationale à la Commission Municipale de Bailleul, en date du 2 du même mois ; d'une autre lettre des Officiers de la nouvelle Municipalité de Bailleul au Directoire du District d'Hazebrouck, du 9 Novembre suivant ; d'une Réquisition du même Directoire auxdits Officiers-Municipaux du 10 du même mois ; de la réponse y faite par lesdits Officiers-Municipaux le 14 ensuivant ; vu aussi un imprimé contenant 15 pages, ayant pour titre *Adresse du Citoyen Honoré Declercq, Maire de la ville de Bailleul, à ses Concitoyens*; ensemble la déclaration en forme de plainte, souscrite le 13 de ce mois, par soixante et quelques Citoyens Habitans de la ville de Bailleul, contenant la déportation de vingt-un Ecclésiastiques ; vu aussi la Loi du 26 Août dernier, concernant la déportation des Prêtres insermentés ; ensemble le Réquisitoire du Procureur-général-Syndic.

Ouï sur le tout le Procureur-général-Syndic par interim.

Nous Administrateurs susdits, considérant qu'il appert des pièces produites, que la présence des Ecclésiastiques dénommés en la plainte des (1) Habitans de Bailleul, **y**
entretient

---

(1) Ce fait est absolument faux, pas une Ville du Dépar-

entretient la division entre les Habitans, y sert à accré-
diter des opinions contraires aux Lois, sous prétexte
qu'elles auroient porté atteinte à la Religion ; considérant que malgré la prestation faite par les Ecclésiastiques du serment décrété le 10 Août dernier, (serment
qu'ils n'ont effectué qu'après que le Corps Electoral eut
demandé leur déportation ; après que la défaite des ennemis de la République ne leur laissoit plus d'autre parti à
prendre, que de se retirer, ou d'être expulsés du sein
de leur Patrie, qu'ils inquiétoient par leurs manœuvres
Ecclésiastiques) : ils continuent néanmoins d'agiter les
consciences et de troubler les âmes foibles, en leur insi-
nuant que le serment par eux prêté, n'étant pas le même
que celui (1) qu'ont effectué les Ecclésiastiques actuellement en fonction, ils demeuroient seuls dans le sein
de l'Eglise, reconnoissant l'autorité de l'Evêque d'Ypres ;
qu'outre les insinuations perfides, ils se permettent encore des cérémonies hypocrites, telles que des absolutions
générales, affectant de s'éloigner des Eglises desservies
par les nouveux Pasteurs ; considérant que la lettre des
Commissaires de la Convention Nationale, dont se pré-
vaut la Municipalité de Bailleul, pour maintenir dans son
sein l'existence de ces Prêtres, ne peut déroger aux dispositions expresses des articles 6 et 7 de la Loi du 26
Août dernier, ni en arrêter l'effet.

. Que la protection affectée, qu'accorde à ces Prêtres
turbulens la Municipalité de Bailleul, les expressions,
plus qu'indiscrètes, contenues en l'Adresse de H. Declercq
à ses Concitoyens, semblent annoncer l'intention de
s'opposer à l'exécution de la Loi ; avons arrêté et arrêtons:

1.º Que les Ecclésiastiques dénommés en la plainte des
Citoyens de Bailleul, en date du 13 de ce mois, seront

---

tement ne contient un plus grand nombre de Citoyens
paisibles ; Bailleul ne vit aucun trouble depuis que les
principes de tolérance y ont été professés.

(1) S'il est vrai que ces Prêtres ont tenu les propos qu'on
leur attribue, on ne peut leur en faire un crime, à moins
que le Département n'érigât en dogme de foi, que tous
les Citoyens doivent professer le catholicisme constitutionnel.

C

tenus de sortir de Bailleul, dans les 24 heures de la notification qui leur sera faite du présent Arrêté ; de sortir
également dans la huitaine de cette notification, des limites du District d'Hazebrouck et du Département, et sous
quinzaine de l'étendue du Territoire François, en se
conformant par eux aux dispositions de l'art. 2 de la Loi
du 26 Août dernier ; qu'à défaut de ce faire, ils seront
appréhendés par la force publique, et conduits de brigade
en brigade au Port de Mer le plus voisin, que le conseil
exécutif provisoire désignera, après avertissement à cet
effet, être transportés à la Guienne Françoise ; que ceux
desdits Prêtres qui se permettroient de rester dans le
Territoire de la République, après avoir fait leur déclaration de sortir, et obtenu un passe-port, ou qui rentre-
roient après être sortis, seront mis sur le champ en arres-
tation, et poursuivis par-devant les Tribunaux, aux fins
d'être condamnés à une détention de dix années.

2°. Que toutes Eglises ou Oratoires, autres que l'Eglise
Paroissiale, qui se trouveroient encore ouvertes à ce
jour, seront fermées sur le champ ; les effets et usten-
siles qui s'y trouvent inventoriés et ensuite aliénés, ou
conservés au chef-lieu de District, suivant qu'ils seront
reconnus susceptibles d'être vendus ou conservés.

Arrêtons en outre que H. Declercq, Maire de Bailleul, sera tenu de se transporter au lieu de nos séances,
le 5 Janvier prochain, pour y rendre compte de sa conduite ; autorisons le Directoire du District à requérir
la force publique pour l'entière exécution du présent
Arrêté.

Fait à Douay, en la séance publique du Directoire,
le 14 Décembre 1792, l'an premier de la République
Françoise.

Pour copie conforme audit Registre. *Signés*, J. J. F.
Girard, vice-Président, et Lagarde, Secrétaire.

Je n'avois d'autre réponse à faire que d'obéir à deux
Membres de cet Arrêté ; il m'étoit défendu d'obtempérer
au premier, et d'exécuter la déportation exigée, je suis
resté fidèle à mes principes et à mon devoir ; voici le
procès-verba de la Municipalité.

L'an 1792, le 29 Décembre, l'an premier de la Répuplique françoise, six heures et demie du soir, à la séance du Corps Municipal de cette ville de Bailleul, extraordinairement convoqué sur un ordre reçu des Citoyens Warin et Laignet, Commissaires du District d'Hazebrouck, qui se sont présentés munis d'une commission des Administrateurs du Directoire du District, leurs Collégues, datée de cejourd'hui, lesquels ont produit un Extrait du Registre aux Arrêtés du Directoire du Département du Nord, du 24 Décembre dernier, dont a été fait lecture par notre Secrétaire-Greffier, et lequel étoit relatif à la déportation de 21 Prêtres domiciliés sous cette Municipalité ; à la fermeture de toutes les Eglises ou Oratoires, autres que l'Eglise Paroissiale, et à la demande d'Honoré Declercq, notre Maire, au lieu des séances du Département du Nord, le 5 Janvier prochain, pour y rendre compte de sa conduite.

Sur quoi, notre Maire a observé pour ce qui regarde les trois articles insérés dans l'Extrait réclamé ci-dessus, deux seront exécutés ponctuellement, l'autre qui a pour objet la déportation des Prêtres ne sera pas en son pouvoir, et il déclare personnellement ne pas pouvoir l'exécuter, vu que la Municipalité est dépositaire d'un ordre supérieur, émané des Commissaires de la Convention Nationale à l'Armée du Nord, qui étoient eux-mêmes munis d'un pouvoir illimité, et par conséquent qu'il n'exécuteroit pas un ordre contraire et émané d'une autorité inférieure, tant que ces ordres ne soient révoqués par une autorité égale à celle dont il est émané ; protestant en outre ne vouloir opposer aucune résistance condamnée par les Lois, vu que l'ordre dont les Commissaires du District sont porteurs, porte et ordonne la réquisition de la force publique en cas de résistance ouverte, puisque lui Maire, n'a jamais professé que des sentimens pacifiques, et qui tendoient au bonheur public.

Les Commissaires nous ayant encore requis de faire être dès ce soir, en notre pouvoir, les clefs des Eglises ou Oratoires qui sont encore ouverts ; l'ordre a été de suite donné aux Citoyens qui en étoient chargés, de les remettre à notre Chambre ordinaire des séances, ce qui a été exécuté dans le moment.

Les Citoyens-Commissaires ayant demandé aux Officiers-Municipaux, s'ils participoient au dire du Maire, inséré dans ce Procès-verbal, pour ce qui regarde la déportation des Prêtres.

Les Citoyens Jean Flahault, Dominique Mahieu, Dominique Velle et Pierre Aernout, ont déclaré adhérer aux observations faites par le Maire ; et les Citoyens L. Larmuseau, fils, Jean Billiau, François Billiau, et Antoine Berteloot, ont déclaré vouloir purement et simplement l'exécution de l'Arrêté du Directoire du Département du Nord. Fait date que dessus. *Signés*, H. Declercq, Maire, J. B. Flahault, Meurille, Ant. Berteloot, J. Billiau, L. Larmuseau, fils, D. Mahieu, D. Velle, F. Billiau, P. N. Aernout.

Le lendemain dès sept heures et demie du matin, j'ai accompagné avec l'Officier Municipal Aernout, les Commissaires du District pour aller fermer les Oratoires Nationaux encore ouverts dans cette Ville : vers les onze heures les Prêtres sont venus réclamer contre l'Arrêté du Département ; ils demandèrent comme une faveur d'être enfermés dans une prison, plutôt que de quitter la terre de la liberté ; cette faveur leur fut refusée ; voici la pétition et l'apostille.

Aux Citoyens Maire et Officiers-Municipaux de Bailleul.

Les soussignés, Citoyens François, Prêtres domiciliés en cette Ville, signifiés derechef, de se porter hors de la République, viennent auprès de vous faire la déclaration suivante :

Comme Prêtres, non fonctionnaires publics, ils n'ont dans aucun temps été assujettis à prêter serment, cependant leur civisme et admiration sincère des nouvelles Lois, les a porté à prêter deux fois le serment d'être fidèles à la République, de maintenir la liberté et l'égalité, ou de mourir en les défendant.

Ce serment qui fut prêté avant que leur déportation a été demandé, et qui ne l'a pas été à tard, puisque la Loi ne l'avoit jamais exigé d'eux, les fit accueillir favorablement auprès des Commissaires de la Convention Nationale, qui les a mis sous la protection des Lois par leur lettre du 27 Octobre dernier.

Sous la sauve-garde de leur serment et de la Loi, ils étoient bien éloignés de penser qu'on eût pu encore les regarder comme Prêtres insermentés et exiger leur déportation.

Or, puisqu'ils ont satisfait à la Loi comme Citoyens et comme Prêtres, ils viennent auprès de leurs Officiers-Municipaux, réclamer contre la déportation qu'on exige d'eux, ils déclarent qu'ils vont porter leurs plaintes de cet acte d'incivisme à la Convention Nationale ; ils osent vous rappeler avec confiance la lettre des Commissaires de la Convention Nationale, qui les met sous votre protection et sauve-garde, et pour autant que par force ou violence on voulût exécuter cette déportation ; ils déclarent encore qu'ils refusent d'y obéir, et qu'ils ne quitteront point la terre de la liberté, qu'ils ont juré de maintenir, à quel effet ils se retirent par-devant vous.

CITOYENS,

Vous priant de vouloir bien les recevoir tous sous votre protection, et en cas contraire, leur assigner la maison de détention de cette Ville, où ils pourroient se constituer, et faire enfermer jusqu'à la décision de la Convention, ou s'il faut pendant dix ans, conformément à l'article 5 de la Loi du 26 Août dernier, contre les Ecclésiastiques qui restent dans la République, après avoir fait leur déclaration d'en sortir, ce qu'ils regarderont encore comme un bienfait, préférant incontestablement de rester dans une prison sur la terre de la liberté, plutôt que d'aller traîner leur existence dans un Pays esclave.

Signé, GANTOIS, pour ses Confrères.

Apostille.

Officiers-Municipaux de Bailleul, ouï le Procureur de la Commune, et sur l'avis des Citoyens Warin et Laignet, Administrateurs du District d'Hazebrouck, envoyés ici pour l'exécution de l'Arrêté du Département, concernant la déportation des Prêtres ; sommes d'avis qu'il n'y a pas lieu à délibérer ; que l'Arrêté du Département doit avoir son entière exécution ; que leur demande est inconstitutionnelle, et qu'ils doivent obéir aux Lois : leur conseillons en tout cas de se déporter, en attendant la décision de la Convention Nationale. Bailleul ce 30 Décembre

1792, l'an premier de la République. *Signés*, J. B. Fla-hault, Meurille, F. Billiau, D. Velle, L. Larmuseau, fils, J. Billiau, J. B. Dassonville, D. F. Bruneel, Procureur de la Commune.

Alors ces Ecclésiastiques voyant leurs réclamations infructueuses, se sont retirés hors de la République, et ont pris le passe-port, tel que voici :

REPUBLIQUE FRANÇOISE.

Département du Nord, District d'Hazebrouck, Municipalité de Bailleul.

Laissez passer le Citoyen . . . . Prêtre domicilié à Bailleul, District d'Hazebrouck, Département du Nord, âgé de . . . . . taille de . . . . . cheveux . . . . . sourcils . . . . yeux . . . . nez . . . . . . bouche . . . . . . menton . . . . front . . . . visage . . . . . lequel après avoir dit que comme Prêtre sermenté il ne se croyoit pas dans le cas d'être déporté, d'autant plus qu'une lettre des Commissaires de l'Assemblée Nationale l'avoit mis sous la protection des Lois et de cette Municipalité, et qu'il auroit préféré de rester dans une prison en France, que de quitter la terre de la liberté, a déclaré, que pour éviter la violence qu'on pourroit exercer contre lui, et manifester sa soumission aveugle aux autorités constituées, il se rendra sur les limites de la Belgique, pour y rester jusqu'à ce que la Convention ait décidé sur sa réclamation.

Délivré à la Maison Commune de Bailleul, le . . . . Décembre 1792, premier de la République Françoise.

Signés, etc,

Enfin arrive le 5 Janvier, je me rends à Douay, en exécution de l'Arrêté du Département, et voici les questions qui m'ont été proposées.

Questions proposées à Honoré Declercq , Maire de la Commune de Bailleul , comparant par-devant le Directoire du Département , en exécution de son Arrêté du 24 Décembre dernier.

Honoré Declercq , vous avez été mandé par le Directoire pour lui rendre compte des motifs de la conduite que vous avez tenue en vous opposant à la déportation de plusieurs Prêtres résidans à Bailleul , dont l'éloignement avoit été demandé par l'Assemblée Electorale du District d'Hazebrouck. Répondez aux questions que je vais vous faire de la part du Directoire.

Première Question.

Vous connoissez les dispositions précises de la Loi du 26 Août dernier , vous savez que l'article I prescrit à tous les Ecclésiastiques , soumis à la prestation du serment ordonné par les Lois du 26 Décembre 1790 , et 17 Avril 1791 , et qui ne l'ont pas prêté de sortir du Territoire François ; vous savez encore que tous les autres Prêtres , même non soumis au serment , sont cependant assujettis à la déportation , lorsque leur éloignement est demandé par six Citoyens domiciliés dans le Département. Pourquoi lorsque le Directoire du District vous eut donné connoissance du vœu manifesté par l'Assemblée Electorale de faire déporter ces Prêtres , vous êtes-vous refusé à leur faire la notification de sortir , puisque le Directoire du District vous avoit délégué pour cette opération ?·

Deuxième Question.

Pourquoi avez-vous affecté de protéger ces Prêtres au préjudice de l'obéissance que vous devez à la Loi , et aux autorités supérieures? Pourquoi au lieu de mettre à exécution l'ordre qui vous étoit transmis par le District , vous êtes-vous contenté de lui répondre par votre Lettre du 6 Octobre , que ces Prêtres avoient présenté requête aux Commissaires de la Convention Nationale ?

Troisième Question.

Pourquoi avez-vous écrit une Lettre apologétique de la conduite de ces individus ? Quel intérêt aviez-vous à ce que ces Prêtres ne fussent pas déportés.

Quatrième Question.

Sans doute en écrivant aux Commissaires de la Convention, une Lettre en faveur de ces Prêtres, vous ne leur avez pas dit, que leur présence à Bailleul, étoit pour le Peuple du District, un sujet d'inquiétude ? Vous ne leur avez pas dit, que leur déportation avoit été demandée par l'Assemblée Electorale ? Vous vous êtes sans doute borné à leur dire vaguement, qu'on (1) cherchoit à faire violence à ces Prêtres vos protégés ?

Cinquième Question.

Vous pensiez donc que l'invitation, faite par les Commissaires à la Municipalité, de s'opposer à ce qu'il soit fait violence aux Prêtres, dont vous leur avez rendu témoignage, pouvoit annuller les dispositions expresses d'une Loi générale.

Vous

---

(1) Voici la Lettre dont parle le Département, on y verra qu'on n'a point déguisé de dire, que le Corps Electoral avoit demandé leur déportation.

Bailleul, ce 25 Octobre 1792, l'an 1er. de la République Françoise.

Des Ecclésiastiques ci-devant sans fonctions, qui par conséquent n'ont jamais été assujettis au serment, et dont l'éloignement vient d'être demandé par le Corps Electoral, réclament notre secours, et nous vous les adressons avec confiance, persuadés qu'une conduite sans reproches, et qui a toujours été dans le sens de la Constitution, méritera toute votre attention à leur égard.

Notre Ville, il est vrai, a renfermé des monstres, mais ils sont éloignés, et si maintenant la cause de la Liberté triomphe, ceux-ci y ont leur part : ce témoignage éclatant leur est dû ; l'équité et la justice le réclament en leur faveur.

Depuis leur existence ils se sont conduits en honnêtes hommes ; depuis la Constitution ils s'en sont montrés les amis ; depuis la République ils se montrent ses défenseurs, et verseront pour sa défense, la dernière goutte de leur sang. Que peut faire de plus un François ? Ils se rangent

Vous regardiez donc comme une violence faite à ce

---

par-tout parmi les hommes libres. Ils n'acceptent point
de Cures il est vrai ; mais leur vocation ne les y ayant
jamais porté dans l'ancien régime, on ne peut leur en
faire un crime en ce moment ; leur conduite à cet égard
est toujours la même, et civilement on ne peut forcer
personne à être Curé, ou Ministre d'une secte quelconque, dès-lors on s'écarteroit de la Constitution, et là commenceroit la plus noire des tyrannies.

Vous observerez, Citoyens, qu'aucun des Electeurs de
cette Ville, et dont le patriotisme ne peut être suspect,
vu que plusieurs ont obtenu les suffrages de leurs Coélecteurs, pour les places de Procureur-Syndic, et différens
Juges du Tribunal, n'a voté pour leur éloignement ; ils
connoissoient leur conduite et leurs dispositions patriotiques, et sans doute ils n'auroient vu qu'une abominable
proscription, à demander l'éloignement de bons Citoyens,
d'hommes libres, du sol de la Liberté et de l'Egalité.

Organes de la Convention Nationale en ce Département, c'est à vous, Citoyens, qu'il appartient de consacrer
les principes éternels de la raison et de la vérité.... Oui,
Citoyens, c'est à vous à montrer que des hommes qui se
sont toujours comportés en vrais Citoyens, contre qui est
encore à s'élever la première plainte, et qui veulent jurer
d'être fidèles à la République, de maintenir la Liberté et
l'Egalité, ou de mourir en les défendant, sont par l'Egalité
en droits sous la sauve-garde de la Loi.

Pénétrés de la justice de la demande de ces Citoyens,
nous avons cru devoir ces explications à la vérité.... Nous
avons rempli notre devoir : puissent nos représentations
sortir leur effet ! puissiez-vous nous éviter d'être les témoins d'une persécution ! tel acte de justice de votre part,
sera le précurseur des Lois bienfaisantes, dont la Convention Nationale va décréter le complément.

Les Commissaires-Municipaux de la Ville de
Bailleul. *Signés*, H. DECLERCQ, Antoine
BERTELOOT, P. N. AERNOUT, LARMUSEAU,
fils, D. VELLE, BRUNEEL, Procureur de
la Commune et HUYGHE, Secrétaire-
Greffier;

D

individus, de les obliger de se déporter, lorsque leur
éloignement étoit demandé en vertu de la Loi.

La Loi n'a pas voulu que les Administrations scrutassent
les motifs de ceux qui demandent l'éloignement d'un
Prêtre quelconque. Délégués par le Directoire du District
pour faire notifier aux Prêtres résidans à Bailleul, qu'ils
aient à se déporter, vous ne devez être qu'instrument
passif, comme l'ont été le Directoire du District lui-même.
Pourquoi avez-vous agi autrement ?

Sixième Question.

Vous saviez que malgré le serment de la Liberté et de
l'Égalité, qu'ont prêté les Prêtres, ils affectoient néanmoins de faire secte à part (1), qu'ils affectoient de s'éloigner de l'église desservie par le nouveau Pasteur; que leur
présence à Bailleul y attiroit les Dimanches et Fêtes, une
foule d'habitans des Campagnes voisines, que les Prêtres
entretenoient dans les idées d'un schisme (2) imaginaire
de la part des Prêtres qui ont satisfait à la Loi du 26 Décembre 1790. Pourquoi donniez-vous à ces individus dangereux (3), une protection aussi marquée, tandis que
vous regardiez avec insouciance, la conduite despectense,
qu'eux et leurs adhérans tenoient envers le Curé de la
Paroisse.

---

(1) Ce fait n'est pas exact, et cependant je soutiens qu'il
est permis de faire secte à part, et même d'en inventer
une toute nouvelle.

(2) A voir et lire cet interrogatoire, ne diroit-on pas
que j'ai été cité devant un Tribunal d'Inquisition, ou tout
au moins, devant un Concile.

(3) La preuve qu'ils ne sont pas aussi dangereux au
catholicisme Constitutionnel, que le Département le
pense, c'est que l'un de ces Prêtres qu'on m'accuse de
soutenir, est en ce moment Vicaire en cette Ville,
qu'un second a été rappelé de son exil, et nommé par
le Corps Électoral, (qui lui-même l'avoit fait déporter.)
Curé de Berthen et St. Jean-Cappel, qu'un troisième
enfin, s'étoit offert à aider avec un de ses collègues le
Curé Constitutionnel de Steenvoorde, alors dangereuse-
ment malade.

Septième Question.

Qu'avez-vous prétendu dire, en énonçant dans votre Adresse du 4 Décembre, que si le Directoire du Département vouloit faire déporter les Prêtres, vous vous opposeriez, même seul, et que si le sang innocent devoit couler, ce seroit le votre ?

Huitième Question.

Pourquoi dans votre Discours, lors de l'installation du Citoyen Matteys, vous êtes-vous servi d'expressions qui jettent du blâme sur les Décrets de l'Assemblée Nationale Constituante, qui sont devenus Lois générales de la France ? N'avez-vous pas senti combien il étoit répréhensible, de provoquer ainsi le mépris des Lois.

Neuvième Question.

Pourquoi dans votre Séance du 29 Décembre dernier, lorsque les Commissaires du District d'Hazebrouck vous notifièrent notre Arrêté du 24 du même mois, vous êtes-vous opposé personnellement à l'exécution de la première

---

Eh bien ! tous ces prêtres, et le Curé Matteys lui-même, n'ont pas fait d'autre serment que les Prêtres que le Département a si injustement proscrits.

Avec cette différence cependant, que ce dernier ainsi que tous ceux qui jouissent des places en faveur de la Constitution Civile du Clergé, enchaînent leur opinion religieuse pour tout ce qu'elle prescrit, et que les autres au contraire, conservent une entière liberté dans leur opinion, leur culte et leurs opinions religieuses. s'ils y trouvent quelque différence, c'est ce qu'y voit le bon sens, c'est ce qu'il faut oser dire, car il importe au salut de la République, que les opinions soient respectées, et qu'on ne s'affecte point d'une chimère ; long-temps assez nous avons nourri les passions, accusons-les à l'instant même, plaçons les choses à leur véritable niveau : hâtons-nous de faire de bons Citoyens, de vrais Républicains, au lieu de zélés sectaires, c'est là le véritable intérêt public, et la prospérité commune sera infailliblement le fruit d'une conduite aussi sage que paisible, aussi nécessaire, que peu sentie.

partie, concernant la déportation des Prêtres, et avant d'avoir pris le vœu de vos collègues. Il appert du procès-verbal que c'est votre exemple, qui a entraîné quatre de vosdits collègues dans les sentimens de récalcitrance, que vous avez manifestés ?

Dixième Question.

Pourquoi en énonçant dans la même séance que vous ne vouliez apporter aucune résistance *condamnée par les Lois*, avez-vous affecté (1) d'ajouter que vous vous absteniez de cette résistance condamnable, parce que l'Arrêté donnoit aux Commissaires, le droit de réquisition de la force publique. Vous eussiez donc sans cela opposé une résistance ouverte ? Vos expressions ont bien l'air de contenir une menace de votre part, de provoquer une insurrection ; qu'avez-vous à répondre ?

Les demandes du Département, étant trop compliquées pour y faire des réponses simples et cathégoriques, on a jugé à propos de rédiger mes réponses par forme de procès-verbal, dont voici l'extrait fidèle.

Extrait du Registre aux procès-verbaux, des séances publiques du Directoire du Département du Nord, du 5 Janvier 1793, l'an premier de la République Françoise.

Honoré Declercq, Maire de Bailleul, conformément à l'ordre qu'il en avoit reçu, est venu rendre compte au Directoire, des motifs de la conduite qu'il a tenue, en s'opposant à la déportation de plusieurs Prêtres résidans à Bailleul, et dont l'éloignement avoit été demandé par l'Assemblée Electorale du District d'Hazebrouck.

Il est résulté des différentes questions qui lui ont été faites, 1°. que les Prêtres qui ne se sont pas soumis à la Prestation du serment, ordonné par les Lois des 26 Décembre 1790 et 17 Avril 1791, ont été déportés, conformément aux dispositions de celle du 26 Août dernier.

____

(1) Je n'ai rien affecté, j'ai fait mon devoir, voilà tout ; voyez ci-devant ce procès-verbal.

2°. que les Prêtres qui n'étoient point assujettis au serment, et dont on a demandé la déportation, ont été notifiés dans le temps, de s'éloigner du Territoire de la République.

3°. Que trois de ces Prêtres ont demandé qu'il fût reconnu, que toujours ils s'étoient comportés en bons Citoyens ; que les Commissaires - Municipaux avoient adhéré à cette demande, et que même ils en avoient informé les Commissaires de la Convention, par qui l'effet de la notification avoit alors été suspendu.

4°. Qu'au lieu de mettre l'ordre du District à exécution, les Commissaires-Municipaux s'étoient contenté de lui répondre, que ces Prêtres avoient présenté requête aux Commissaires de la Convention Nationale, parce qu'à cette époque ils avoient déjà envoyé aux Administrateurs de ce District, copie d'une Lettre par laquelle les Commissaires de la Convention les invitoient à protéger ces individus, pour qu'il ne leur soit fait aucune violence.

5°. Qu'ils ont écrit aux Commissaires de la Convention, une Lettre apologétique de la conduite de ces Prêtres, parce qu'il étoit de leur devoir de rendre hommage à la vérité, et que le Magistrat, sans considération pour les cultes, protége indistinctement tous ceux qui se comportent bien.

6°. Qu'en écrivant aux Commissaires de la Convention, ils avoient dit que la déportation de ces Prêtres avoit été demandée par l'Assemblée Électorale, (ce qu'ils avoient appris par le bruit public) et qu'ils les avoient prévenus que ces Prêtres n'avoient point prêté serment, mais qu'ils offroient de le prêter.

7°. Qu'aucun des Commissaires - Municipaux n'étoit Électeur.

8°. Qu'ils ont obéi à l'ordre des Commissaires de la Convention Nationale, parce qu'ils ont pensé qu'ils pouvoient se mettre au-dessus de la Loi pour protéger l'innocence, ou faire le bien ; que la personne du Citoyen l'Angle, ainsi que l'installation du Département, en étoient pour eux deux exemples.

9°. Qu'il regarde comme une violence faite à des individus, de les obliger à se déporter, lorsqu'ils mènent une vie tranquille.

10°. Que quant à l'opposition existante à l'éloignement des Prêtres en question, *ils n'ont été qu'instrumens passifs*, puisqu'ils remplissoient en cela l'ordre des Commissaires de la Convention.

11°. Qu'il est possible que ces individus aient affecté de faire secte à part, mais que le Magistrat de Bailleul n'a aucune religion dans ses fonctions, qu'il n'en protège aucune plus particulièrement qu'une autre, et que d'ailleurs il ne s'est jamais mêlé des ces sortes d'objets, parce qu'ils n'intéressoient pas l'ordre public.

12°. Que des malveillans se sont rendus chez des Prêtres paisibles pour les insulter, et les menacer de mort, s'ils n'abandonnoient le territoire de France; que lui Maire, les avoit appelés pour se faire rendre compte des motifs de cette conduite, mais qu'ils lui avoient répondu: qu'ils en agissoient ainsi, parce que cela leur plaisoit; que c'étoit pour les contenir, que dans une Adresse il avoit dit: que quand bien-même le Département ordonneroit la déportation de ces Prêtres, lui seul s'y opposeroit, et que si le sang de l'innocence devoit couler, ce seroit le sien; il a observé alors, que s'il avoit eu de mauvaises intentions, il ne se fût pas servi de cette expression, *le sang innocent*, parce que c'eût été un sang coupable qu'il eût fait couler, en versant le sien, et il a ajouté, que cette réponse énergique avoit contenu les malveillans dans les bornes du devoir.

13°. Qu'il est vrai, que lui Maire, s'est ouvertement opposé à l'exécution de la première partie de l'Arrêté du Département, en date du 24 Décembre, concernant la déportation des Prêtres: mais qu'il ne l'a fait, que parce que la lettre des Commissaires de la Convention le lui enjoignoit, et que conséquemment, son devoir lui en imposoit l'obligation; qu'au surplus il ignore si c'est son exemple qui a entraîné la détermination de plusieurs de ses Collégues.

14°. Et enfin que dans aucun cas, il n'eût exécuté cet Arrêté du Département, parce que selon lui, l'ordre des Commissaires de la Convention étoit supérieur; qu'il est même surpris que le Département n'y ait pas eu plus d'égard, qu'au surplus on doit juger, par ce qu'il s'est ensuivi, de la pureté de ses intentions.

Le Directoire après avoir pris ces renseignemens du Maire de Bailleul, lui a annoncé, par l'organe de son Président, qu'il pouvoit se retirer; et a arrêté qu'extrait du présent procès-verbal seroit remis au sixième bureau, pour être fait un prompt rapport sur son contenu.

Pour extrait conforme audit Registre.
Signé, GIRARD, Vice-Président, et LAGARDE, Secrétaire.

J'ai dit plus haut que deux espèces d'accusations ont été dirigées contre moi; la première, que j'aurois soutenu les Prêtres insermentés en m'opposant à leur déportation; la seconde, que j'aurois jeté du blâme sur quelques Lois générales de la République; et effectivement on doit avoir vu que toutes les questions qu'on m'a faites se réduisent à ces deux points, il me tarde d'en faire voir toute la fausseté.

D'abord si je ne parlois qu'à des hommes qui me connoissent, je n'aurois pas besoin de dire que c'est contre moi qu'on lance ces calomnies; moi qui du commencement de la Révolution me suis écrié contre les préjugés de toute espèce, qui ai peut être rendu quelque service à ma Patrie, en dévoilant toutes les manœuvres Ecclésiastiques dans ma Lettre à M. d'Arberg, Evêque d'Ypres, Faits Précieux, véritable Jurisdiction du Pape, etc. (1)

____

(1) Je sais qu'en lisant cet écrit, plusieurs personnes diront que je suis chargé de principes, mais assurément ils ne seront pas de bonne foi; j'ai toujours dit que la Constitution civile du Clergé ne blesse en rien les dogmes Catholiques, je le pense, et je le soutiens autant que jamais, mais je n'ai dit de ma vie, qu'il étoit permis de forcer les autres à avoir la même opinion que moi; j'ai long-temps pensé que tous les Catholiques reconnoîtroient les Curés constitutionnels pour leurs véritables Pasteurs, et s'ils avoient professé la même tolérance que moi, s'ils avoient prêché qu'il est permis de les regarder comme intrus; s'ils avoient appelé à leurs Eglises des Prêtres non-conformistes à la Constitution civile du Clergé, et parus ne pas même s'appercevoir du peu ou beaucoup de monde qui fréquentoient leurs offices, il y a long-temps qu'il n'existeroit plus de divisions religieuses: j'aurois voulu que tous les Curés eussent été des *Scelle* et

ce ne sont plus comme il y a un an , les Sectaires Romains qui me dénoncent comme un hérétique , ce sont les Prêtres constitutionnels eux-mêmes et leurs adhérans , qui m'accusent de soutenir les Prêtres insermentés : *quel intérêt* , me dit le Département , *avez vous à soutenir ces Prêtres , et vous opposer à ce qu'ils soient déportés :* voilà le premier chef d'accusation qui a été porté contre moi.

Je pourrois illuder cette accusation , en disant que jamais je n'ai soutenu aucun Prêtre ; mais toujours vrai , j'avouerai que j'ai distingué parmi les Prêtres qui se trouvoient dans cette Ville , des hommes vraiment libres , se réjouissant du bonheur public , et professant les grands principes ; ce sont ceux-là que j'ai soutenus , j'ai protégé les droits du Citoyen et non ceux des Prêtres ; ils n'en ont pas aux yeux du Magistrat ; je n'ai pas voulu confondre la vertu avec le vice , et proscrire l'innocent avec le coupable ; j'ai plaint des malheureux , et sur-tout j'ai soutenu le civisme méconnu : comment se peut-il que des hommes qui se disent Patriotes , persécutent leurs semblables , qu'ils les persécutent sans examiner s'ils peuvent leur imputer des crimes , ou même des fautes ; et alors même qu'ils prêtent le serment de maintenir la liberté pour laquelle nous combattons ?

Ils me répondront sans doute avec le Département , que leur éloignement a été demandé par le Corps Electoral , et que la Loi n'a pas voulu que les Administrateurs scrutassent les motifs de ceux qui demandent l'éloignement d'un Prêtre.

Mais lorsque le Corps Electoral a demandé l'éloignement de tous les Prêtres qui existoient dans le District , il ne pouvoit savoir si ces Prêtres auroient prêté le serment civique ; ils ne s'étoient pas adressés encore aux Commissaires de la Convention , et ceux-ci ne leur avoient pas alors donné la permission de rester sur le territoire de la République : qu'on ne dise pas que la religion

____

des *Plumecoq* , Curés de Dunkerque et de St. Pierre à Douay : voilà deux Prêtres qui méritent l'estime de tous leurs Concitoyens ; voilà deux véritables Disciples de Jesus-Christ.

ligion des Commissaires de la Convention a été surprise ?
ils étoient informés de l'Arrêté du Corps Electoral, et c'est
sans doute parce que ces Prêtres prêtèrent entre leurs
mains le serment requis, qu'ils ont suspendu leur déportation, et qu'ils ont ordonné aux Commissaires-Municipaux de les protéger contre toutes violences, en les
mettant sous la protection des Lois et de leur autorité.

D'après un ordre aussi précis que juste, fondé même
sur l'esprit de la Loi du 26 Août, il ne m'a pas été permis de les déporter, ni d'obéir aux Arrêtés illégaux du
District ou du Département.

Le Conseil du Département m'a observé que les Commissaires de la Convention n'ont ou suspendu l'effet
d'une Loi ; que la déportation étoit décrétée par celle
du 26 Août, et par conséquent qu'en obéissant à
leur Arrêté, j'obéissois à la Loi même.

Mais est-ce suspendre l'effet d'une Loi, que de ne
pas appliquer aux innocens les peines qui sont prononcées contre les coupables ? Les Commissaires de la Convention ne pouvoient suspendre la déportation des Prêtres qui n'avoient pas prêté le serment dans le temps
prescrit ; ils ne pouvoient même suspendre la déportation de ceux qui n'avoient jamais été assujettis au serment, lorsqu'après la publication de la Loi du 26 Août,
ils s'obstinoient à ne pas le prêter : mais on ne peut
nier qu'ils avoient le pouvoir de suspendre la déportation des Prêtres, qui s'offroient à prêter serment.

On objectera qu'il étoit trop tard, lorsque la déportation étoit déjà demandée ; mais les Prêtres que les
Commissaires de la Convention ont protégés, n'étoient
assujettis par aucune Loi à prêter serment ; ils étoient
ci-devant Moines et Prêtres séculiers, sans fonctions ; la
première Loi qui a parlé d'eux fut la Loi sur la déportation, d'où il suit que n'ayant jamais dû prêter serment,
ils ne se sont rendus coupables d'aucune faute, car on
ne peut pêcher contre une Loi qui n'existe pas, et on
ne peut être en demeure de ce qui n'a jamais été ordonné.

Il est vrai cependant que l'article VI de ladite Loi, déclare que tous les Prêtres, même ceux non assujettis au
serment, peuvent être déportés, lorsque six Citoyens le

demanderont : mais ni cet article , ni aucun autre de la Loi , ne les a exclus , ni déchus de leur droit de prêter le serment ; aucune époque fatale , aucun délai n'a été fixé ; donc il étoit toujours temps à prêter ce serment ; donc, l'ayant prêté par-devant les Commissaires de la Convention , ceux-ci ont pu et dû suspendre la déportation.

Ils se trompent fort ceux qui prétendent que du moment que la déportation d'un Prêtre non fonctionnaire-public est demandée , il n'est plus temps pour lui de prêter le serment civique : pour que cela fût , la Loi auroit dû le dire, et il seroit tyrannique d'exclure un homme de la prestation du serment , avant de l'y avoir assujetti.

Les Commissaires de la Convention n'ont pas suspendu l'effet de la Loi du 26 Août, ils ont déclaré seulement qu'elle n'étoit applicable à des Prêtres qui prêtoient serment , se comportoient bien et étoient fidèles aux Lois de la République : d'ailleurs le pouvoir *illimité* de ces Commissaires auroit été bien borné, s'ils n'avoient pu exercer un tel acte de justice, et en vérité il faut être dépourvu de bon sens pour le leur contester.

Au reste , en supposant même que les Commissaires de la Convention eussent surpassé leur pouvoir, étoit-ce au District ? Étoit-ce au Département à les soumettre à leur férule ? N'auroient-ils pas dû commencer eux-mêmes par respecter l'autorité et l'ordre de ces Commissaires , faire leur devoir et porter ensuite leurs plaintes à la Convention , qui seule est compétente à prononcer, si ses Commissaires ont outre-passé leurs pouvoirs. (1)

––––––––––––––––––––––––––

(1) Il n'existe de preuve plus frappante de mon assertion, que le Décret de ce jour , en voici l'extrait, tiré du Journal des Décrets et Débats.

Garran et Lamarque , après avoir observé, que des *Corps administratifs* s'étoient permis de suspendre l'exécution de quelques Arrêtés des Commissaires de la Convention Nationale , ont fait rendre le Décret, que voici.

« La Convention Nationale autorise tous ses Commis-
« saires à prendre toutes les mesures, même celles de
« sureté générale , que les circonstances rendront néces-
« saires; elle décrète, que leurs Arrêtés ou Délibérations,

Sans doute que les Administrateurs du Département, s'ils avoient toujours été si attentifs à scruter les pouvoirs des Commissaires de la Convention, se seroient fait un scrupule de s'en servir pour aller siéger au Département : car ils savoient bien qu'ils étoient illégalement élus par l'Assemblée Électorale, siégeant à Lille, qui contre la teneur expresse de la Loi du 7 Septembre, s'étoit déclarée permanente, et avoit réélu les membres du Département, au mépris de cette Loi, et malgré que deux Procureurs-Syndics, celui de Douay et celui de Bergues, s'étoient refusés à faire la convocation : ce n'est donc que la Lettre des Commissaires de la Convention, du 12 Octobre, qui en approuvant l'élection faite par le Corps Électoral, a pu légitimer une élection faite illégalement, et où une très-grande partie des Électeurs n'a été présente, ni même convoquée. C'est encore en vertu du pouvoir des Commissaires de la Convention, que Pierre Lenglé, Maire de Cassel, a été traduit devant le Juré d'accusation de Douay, au lieu de celui du District d'Hazebrouck, contre la teneur expresse de l'article XVII de la Loi du 24 Août sur l'organisation judiciaire, qui déclare, *que l'ordre constitutionnel des Jurisdictions ne pourra être troublé, ni les Justiciables distraits de leurs Juges naturels par aucunes Commissions, ni par d'autres attributions ou évocations, que celles qui seront déterminées par la Loi.* L'article 4 chapitre 5 de l'acte Constitutionnel a consacré le même principe, en répétant les mêmes paroles.

Or, je suis bien loin de contester le pouvoir des Commissaires de la Convention, dans l'installation des Administrateurs du Département, illégalement élus, ou dans l'attribution donné au Juré de Douay pour le procès de Pierre Lenglé : je sais qu'ils ont été guidés par des motifs, et des raisons majeures d'intérêt publique ; mais je soutiens aussi qu'il est étrange, que des hommes qui ne tiennent leur pouvoir que de cette autorité, la méconnoissent dans une autre circonstance, où ils ne s'en sont servi que d'après, et conformément à l'esprit même d'une Loi déjà existante.

« *pris*, ou *à prendre*, seront exécutés provisoirement ;
« à la charge par lesdits commissaires, d'envoyer dans les
« 24 heures, copie des Arrêtés ou Délibérations, pour
« être infirmés ou confirmés par la Convention.

J'ai donc prouvé que j'ai dû protéger les Prêtres, que les Commissaires de la Convention avoient déclarés, ne devoir être déportés ; j'ai justifié ma résistance aux Arrêtés inciviques, inconstitutionnels et illégaux, du Département et du District, et par ce moyen, j'ai répondu aux VI premières questions qu'on m'a faites au Département, et que j'ai transcrites ci-dessus ; il ne me reste qu'à dire un mot sur les prétendues menaces que le Département suppose que j'ai faite dans mon Adresse du 4 Décembre, alors, j'aurai répondu aux autres questions, et n'aurai plus qu'à me disculper du prétendu blâme que j'ai jeté sur quelques Lois générales de la République, et qui formera la seconde partie de cette justification.

On m'a demandé ce que j'ai voulu dire en énonçant dans mon Adresse du 4 Décembre, que si le Directoire du Département vouloit faire déporter les Prêtres, moi seul je m'y opposerois, et immédiatement après, que si le sang innocent devoit couler, ce seroit le mien.

Il est très-facile de répondre à cette question. Je me suis cru obligé par la Lettre des Commissaires de la Convention, à m'opposer à la déportation que le District pour suivoit, comme en effet j'ai fait, lorsque les Commissaires Marcin et Laignez, sont venus exécuter l'Arrêté du Département, du 24 Décembre.

La Seconde partie de la phrase n'est relative qu'aux violences populaires, dont ces Prêtres avoient été menacés, et il faut que le Département ait été étrangement prévenu pour me faire une pareille question. Ils me connoissent bien peu ces Administrateurs, ils ne savent pas, qu'ennemi de tous les désordres, je n'ai professé toute ma vie, que des sentimens de bienfaisance et d'humanité.

Il est vrai, que l'un d'eux m'a taxé d'aristocratie ; j'ai méprisé un reproche aussi peu mérité ; j'aurois pu répondre, que les sacrifices que j'ai faits depuis la Révolution, devoient me mettre à l'abri d'une imputation aussi grave ; que je n'ai jamais voulu accepter aucun poste lucratif, et que lorsque les circonstances m'ont obligé d'accepter les fonctions d'Electeur, ou d'Administrateur du Directoire du District, j'ai fait remise des appointemens, ou indemnités, que la Loi m'accordoit.

Jamais de la vie je n'aurois parlé de ceci, si les étranges reproches qu'on m'a faits, n'avoient enflé mon ame con-

tre les indignes calomniateurs qui m'ont accusé ; mais ils
n'abattront pas mon courage ; jamais ils n'étoufferont ma
voix , et je m'honore de partager en ce moment, le sort
des hommes les plus vertueux de la France.

On m'accuse d'aristocratie parce que je combats les factions , et qu'ennemi de tout esprit de secte , je professe la
tolérance la plus étendue ; on m'accuse, parce que je ne
veux pas courber la tête devant une Idole populaire ; on
m'accuse , parce que je n'encense personne , et que je
déteste les extravagances de toute espèce ; on m'accuse ,
parce que j'abhorre les anarcistes , et que je ne veux la
Liberté, que pour avoir une paix stable et parfaite; on me
persécute enfin , parce que je pense et je dis , que le despotisme de chaque particulier , s'il étoit sans frein , ne
seroit pas moins terrible que celui d'un tyran. Et qu'importe , disoit Marc Aurèle , que le chef ne soit ni oppres-
seur ni tyran , si les Citoyens oppriment les Citoyens. . . .
Il s'est donc élevé dans ce District , comme presque par-
tout ailleurs , une race d'hommes , qui , sous le masque
d'une popularité exagérée , trahissent la cause de la Liberté ; qui vivant d'accusations , et trafiquant de calomnie ,
sont toujours prêts de vendre l'innocence à la haine : tout
à leurs yeux est aristocratie : ils ne veulent pas même ,
qu'on réclame les droits des hommes ; ils ne veulent pas
qu'on serve le peuple en l'éclairant.

Si un bon Citoyen leur prouve à l'évidence, qu'il est injuste
de protéger une secte plutôt que l'autre , que la Nation
ne peut avoir aucune religion , ils s'associent les Curés
Constitutionnels , intéressés au soutien d'une secte dominante, ils crient à l'aristocratie, ils intriguent, ils empoison-
nent les actions , les paroles , jusqu'aux gestes de l'homme
vertueux , et tâchent par ce moyen d'écarter la vérité
qu'ils craignent par le mensonge et les calomnies, qui sont
pour eux des sûrs moyens de laisser le peuple éternellement
dans l'ignorance. . . . Malheureux ! votre règne touche à
sa fin ! la convention s'est élevée à la hauteur des grands
principes ; les droits de l'homme (1) triompheront , et

---

(1) Dans la séance du 11 Janvier, des Pétitionnaires ayant
protesté, au nom de quarante Communes , de leur attachement aux principes de la Liberté des cultes ; le Président leur a répondu en ces termes.

nous verrons disparoître ces sectaires pivilégiés, qui détruisent l'intérêt public, en prêchant l'amour de secte, et insinuent au peuple insolemment, qu'il n'est pas mûr assez pour entendre la vérité (1).

____

« La Liberté n'est pas un mot vide de sens, et c'est
« sur-tout celle des opinions religieuses, qui est un des
« principes qui sera le plus inviolablement maintenu.
« Vous voulez la Liberté, vous la voulez pour vous et pour
« les autres ; rien ne peut plus vous honorer. C'est par
« votre dévouement à la patrie, c'est par votre soumission
« aux Lois, c'est par votre attachement à vos devoirs,
« que vous prouverez votre sincère amour pour la Liberté,
« et que vous concourrez à l'affermir.

« Citoyens, que tous les François remplissent également
« ces devoirs, et rien ne troublera l'union et la fraternité
« qui doit régner entr'eux; ils sentiront tous, *quelque culte*
« *qu'ils professent*, qu'ils se doivent également à la Patrie,
« qu'ils sont tous ses enfans ; et doivent vivre en frères ;
« et on ne connoîtra plus de fanatisme, que celui de
« l'amour de la Patrie et de la Liberté.

(1) La passion fait chez eux qu'ils ne raisonnent plus, et qu'ils invectivent même, ceux qui essaient de leur ouvrir les yeux.

C'est ainsi que les aristocrates, les fourbes et leurs dupes, ont toujours égaré le peuple, comme si la raison n'étoit bonne que pour une poignée d'élus, et que la multitude étoit faite pour être abreuvée de sottises et de misère. Lors de la fuite de Louis Capet, les Barnave, d'André, Lameth, Lafayette et autres réviseurs disoient hautement, que la Nation n'étoit pas mûre pour le Républicanisme, que le peule étoit accoutumé à ses Rois, qu'il les aimoit, qu'il les idolâtroit aveuglément, et qu'il avoit essentiellement besoin de cette chimère. C'est ainsi qu'on parvint alors, à étouffer la voix de la vérité ; aujourd'hui, nos faux patriotes disent aussi, qu'il faut conserver la religion Constitutionnelle, que le peuple aime ses Pasteurs, et et qu'il ne consentiroit jamais à les voir réduits à l'égalité, et au rang de simple Ministre d'une religion. Mais ce qu'il y a de plus singulier, c'est que ces mêmes hommes

Je croyois faire encore une observation sur les intentions que m'a prêté le Département, mais je préfère de copier ici en entier, l'Adresse qui a fait l'objet de leur reproche : Je passerai aussitôt au deuxième chef d'accusation.

ADRESSE

Du Citoyen H. DECLERCQ, Maire de la Ville de Bailleul, à ses Concitoyens.

CITOYENS,

Il y a trois semaines vous me nommâtes Maire de cette Ville ; mais sachant que ce que je devois incontestablement à mes propres intérêts, je ne pouvois le donner à la chose publique, j'ai dû refuser des fonctions que je ne pourrois pas assez bien remplir ; je l'ai fait : mais vous avez insisté, et votre volonté étoit si généralement prononcée, que je n'ai pas hésité de sacrifier tous mes intérêts particuliers au bien que vous croyiez alors, que je pouvois faire.

J'avoue que dans ce moment je ne pensois pas qu'aujourd'hui je me trouverois obligé de me disculper des calomnies de ceux qui me pressèrent alors avec tant de violence à accepter des fonctions que je redoutois et dont l'expérience m'avoit déjà fait connoître toute l'étendue :

---

qui demandent grâce pour l'ignorance et la foiblesse du vulgaire, ne manquent pas de se ranger dans la classe opposée, et ils avouent tous, que la déclaration des droits admet tous les cultes, mais que par respect pour l'imbécillité du pauvre peuple, il faut fouler aux pieds cette même déclaration, conserver au mépris des Lois les plus sacrées, une religion dominatrice, et consacrer ainsi, toutes les persécutions qui se font et se feront toujours au nom de cette religion. Disons donc plutôt que c'est la masse du peuple qui aime la raison et la vérité ; et que l'erreur n'est réellement chère qu'au petit nombre des fripons, qui ont besoin de dupes pour les dépouiller, et de crédules pour les exciter à se ranger parmi leurs partisans, prêts à embrasser leurs querelles, leurs divisions, et tout ce que peuvent enfanter leurs têtes criminellement montées.

et vraiment je croyois ces hommes plus vertueux ou moins ignorans.

Dénoncé dans les groupes, dans certains lieux publics (où jadis on s'assembloit pour s'éclairer mutuellement) comme un appui des Prêtres insermentés ou perturbateurs ; je dois à vous, à ma probité outragée, peut-être même à la tranquillité publique, de détruire cette calomnie : une exposition franche de mes principes confondra les imposteurs ; c'est pourquoi j'ai jugé à propos de vous dire ce que je suis, ce que j'ai fait et ce que je serai.

Né avec le caractère libre, lors même que la Liberté nous étoit inconnue, j'ai toujours eu en horreur les partis, les désordres, les querelles, sur-tout de religion ; je veux la plus grande liberté d'opinion ; je manifeste la mienne sans crainte et sans remords ; je crains encore moins les reproches, parce que je n'en ai pas à me faire ; j'ai toujours été moi-même, et mes mœurs ne se sont jamais démenties, voilà ce que je suis.

J'ai écrit, non contre les Prêtres, mais contre leurs erreurs, que je respectois même, lorsqu'elles ne servoient pas de prétexte à calomnier la révolution ; j'avois alors l'honorable haine des plus méchans d'entr'eux, et aujourd'hui on m'accuse de les soutenir ! d'où vient donc ce contraste dans le genre de calomnies, qu'on débite contre moi ? Je vais vous le dire.

Il y a quatre mois, la Patrie étoit dans un imminent danger, l'ennemi étoit à notre porte, la Municipalité d'alors jouissoit de la confiance de la presqu'unanimité de mes Concitoyens, la plupart égarés ; suspendue par un Arrêté du Département, elle devoit être remplacée par quatorze Commissaires Municipaux ; le District les nomma ; je fus désigné à faire les fonctions de Maire, et sept sur quatorze ne voulurent accepter par foiblesse, pusillanimité, ou quelqu'autre motif que je n'ai aucun intérêt de démêler.

Haï par le très-grand nombre de mes Concitoyens, parce qu'en tout temps j'eus le courage de leur dire la vérité et de dévoiler les fourberies de telle manière qu'elles se présentoient ; je n'avois alors pour amis, que le petit nombre des plus chauds Républicains ; cependant une conduite ferme et égale, la tolérance des bons, et la haine des
méchans

méchans Prêtres, me concilia les suffrages de tous les Citoyens qui n'avoient pas l'ame trop corrompue pour
aimer la Liberté et l'Egalité ; de concert avec mes Collégues, j'ai rallié presque toute la Ville, autour des grands
principes de la déclaration des droits ; voilà une partie de
mes torts, on m'en impute de plus grands ; les voici.

Vers la fin d'Octobre, le Corps Electoral du District,
demanda la déportation de tous les Prêtres qui existoient
encore dans le District ; aucun n'étoit distingué, bons et
méchans, tous devoient partir. . . Les Commissaires Municipaux ne virent dans cet acte qu'une affreuse proscription, et en conséquence écrivirent le 25 dudit mois, aux
Commissaires de la Convention Nationale ; a l'Armée du
Nord, en faveur de ceux qui restoient en cette Ville et
qui se comportoient en bons Citoyens : deux jours après,
les Commissaires de la Convention répondirent, que ces
Prêtres pouvoient rester, aussi long temps qu'ils ne trou-
bleroient pas l'ordre public ; ils nous ordonnèrent même
de nous opposer à leur déportation : il est vrai, que dans
la requête que ces Prêtres avoient présentée aux Commissaires, ils ont prêté le serment d'être fidèles à la République et à la Loi, et de maintenir la Liberté et l'Egalité,
ou de mourir en les défendant. De retour en cette Ville,
ils réitérèrent publiquement et sous vos yeux, le même
serment. En étoit-il un plus auguste ! Je voyois alors la
réunion prochaine de tous les esprits ; mes Concitoyens se
familiarisèrent avec la révolution, et la Liberté leur devenoit chére.... Quelques méchans me font un crime d'avoir
su respecter l'innocence des hommes et leurs opinions,
mais je m'en honore, il n'y a que le crime qu'on ne sauroit
calomnier.

Les Commissaires Municipaux, et après eux la nouvelle
Municipalité, respectèrent toujours et respectent encore
l'ordre des Commissaires de la Convention ; j'avoue que
j'ai senti autant qu'un autre, ce que nous devions à des
Prêtres devenus Citoyens, et je prends volontiers sur moi
tout le blâme que quelques prétendus Patriotes nous en
veulent : voilà ce qui a donné lieu à me calomnier ; voilà
les torts qu'on m'impute ; voilà ce que j'ai fait de répréhensible aux yeux des sots ou des turbulens, et je vous dirai
maintenant tout ce que je me propose de faire.

Les Commissaires de la Convention Nationale sont
arrivés dans ce Département avec une autorité illimitée,

F

je la respecte trop pour ne pas exécuter leurs ordres, et je maintiendrai les Prêtres qui restent en cette Ville, aussi long-temps qu'ils ne troubleront point l'ordre public : si le District ou le Département faisoit, ce que je n'oserois pas supposer, si malgré la lettre des Commissaires, ils vouloient les déporter, sans doute que la Municipalité s'y opposeroit, et si elle ne le faisoit pas, seul je ferois exécuter les ordres des Commissaires : dussé-je être victime de mon zèle, on ne fera violence à qui que ce soit pendant mon administration, et si le sang de l'innocent coule, ce sera le mien.

Ces sentimens, dit-on, me donnent une réputation d'aristocratie : je le crois : je sais même que dans les Corps Electoraux, on ne porte en général les suffrages que sur les partisans des Prêtres, appelés inconstitutionnellement, constitutionnels parce qu'il y a beaucoup plus d'ignorans que de sages ; mais tout cela ne me détournera pas du sentier de la vérité ; je ne veux aucune place, j'ai des envieux, mais je n'envie personne, et je laisse aux intrigans et à ceux qui désirent des postes lucratifs, le plaisir de déraisonner, de ne voir dans la révolution, que des Prêtres constitutionnels, d'affecter de fréquenter leur messe et leurs cérémonies, et de calomnier ceux qui n'y assisteroient pas : tout ce que je leur demande, c'est d'être plus vertueux, et de ne pas troubler leurs Concitoyens qui ne veulent pas faire comme eux.

Je vois que depuis l'installation du Curé constitutionnel, quelques Citoyens préfèrent de faire baptiser leurs enfans, de célébrer leur mariage, de consacrer le décès de leurs parens, par quelque autre Prêtre : à mes yeux ils ont tort : personnellement j'estime les cérémonies religieuses du Citoyen Matteys, comme celles des autres; il est Prêtre comme eux, et je l'ai assez prouvé dans mes précédens écrits ; mais parce que je crois, moi, ce que je dis ici, est ce une raison à vouloir forcer les autres à croire comme moi ? Puis-je dire, qui ne pense pas comme moi, a tort. Non, sans doute.... Néron poursuivit dans les premiers Chrétiens, des hommes d'une opinion différente de la sienne, mais Néron fut un tyran en horreur à l'humanité. — Commet-on les mêmes violences? viole t-on sans remords la loi naturelle et divine, qui défend de faire à autrui, ce qu'on ne voudroit pas qui nous fût fait ? on doit être également maudit de Dieu et des hommes.

Qui tolère les intolérans , dit Helvétius , se rend coupable de tous leurs crimes ; qu'une Eglise se dise persécutée, lorsqu'on lui conteste le droit de persécuter les autres , la Nation doit,être sourde à ses sollicitations : elle doit laisser à l'homme le libre exercice de sa raison, et aucun Prêtre, ni ses prosélytes , peuvent lui en défendre l'usage : et en effet, si nul n'a droit sur l'air que je respire , il en a encore moins sur la plus noble fonction de mon esprit , celle de juger par moi-même. Seroit-ce donc aux autres que j'abandonnerois le soin de penser pour moi ? Chacun peut avoir sa conscience , sa raison, sa religion, et ne peut être forcé à avoir la conscience , la raison, ou la religion du Pape, ou d'un Prêtre quelconque : c'est à chacun à examiner ce qu'il croit, sur quel motif il croit, et quelle est la croyance qui lui paroît la plus raisonnable.

La Liberté de penser est donc de droit naturel ; celle de faire baptiser ses enfans, célébrer les mariages et décès, par le Prêtre auquel on a le plus de confiance , c'est de même; toute autre loi seroit injuste et contraire aux droits imprescriptibles de l'homme : aussi les Décrets de l'Assemblée Nationale ont consacré solennellement ces grands principes , par la Loi du 20 Septembre dernier, qui détermine le mode de constater l'état civil des Citoyens. L'article VIII du titre VI déclare, *que l'Assemblée, après avoir déterminé le mode de constater désormais l'état civil des Citoyens, n'entend ni innover, ni nuire à la liberté qu'ils ont tous, de consacrer les naissances, mariages et décès, par les cérémonies du culte auquel ils sont attachés, et par l'intervention des Ministres de ce culte.*

Il suit de cet article , qu'après avoir fait constater les naissances, mariages et décès, par devant l'Officier public établi par la Loi, chaque Citoyen peut faire baptiser son enfant, se marier, faire enterrer son parent, par tel Ministre , Curé, Prêtre, ou Rabbin, qui lui convient.

Et après tout, à qui appartient l'Eglise ? N'est-ce pas à la Commune, à tous les Citoyens? Chrétiens, Juifs, Musulmans, Quakers, tous contribuent à son entretien ; tous ont donc le droit de s'en servir, et je n'hésiterois pas de permettre à un Ministre Protestant de célébrer ses cérémonies religieuses dans l'Eglise où célèbre le Curé constitutionnel, aux heures indiquées par le Magistrat civil : je permettrois, à toutes les Sectes d'enterrer leurs morts au cimetière des Catholiques, je veux dire de la Commune.... Hélas ! le François est libre, et il n'est pas encore tolérant. Instruit par ses malheurs passés, par ceux de ses ancêtres, ne sentira-t-il jamais la nécessité d'enchaîner le fanatisme, et de bannir de toute religion le dogme monstrueux de l'intolérance !

Malheureusement un abominable esprit de secte divise encore une grande partie de la République. Dès le mois d'Août 1790, les Prêtres prêchèrent que l'Assemblée Nationale constituante n'étoit là que pour détruire la religion, et aliénèrent ainsi un grand nombre de leurs Paroissiens de l'esprit de la Révolution : l'Assemblée elle-même créa un Clergé constitutionnel un moment après qu'elle avoit déclaré qu'aucune religion ne seroit dominante en France : aussitôt une grande partie des Ministres de ce culte oublia les droits de l'homme, et fit accroire que tous ceux qui ne fréquentoient pas ses cérémonies lithurgiques, étoient des Aristocrates, des mauvais Citoyens ; par ce moyen, ils achevèrent de détruire l'esprit public, et il n'est pas rare aujourd'hui de voir dans une Municipalité, la moitié des Citoyens croire, que la Révolution n'est faite que pour anéantir la religion, et l'autre moitié être fermement persuadée qu'elle ne s'est opérée que pour changer de Prêtres : ceux-ci appellent les autres des enragés, des factieux, etc. les autres désignent ceux-ci comme des Aristocrates et s'attribuent exclusivement le beau nom de Patriote : de là les haines, les divisions, les querelles, quelquefois des meurtres, et cela parce que les hommes ne sont pas assez raisonnables pour se laisser adorer Dieu chacun à sa manière.

Il n'y a qu'une religion dans le monde, elle consiste à adorer Dieu en esprit et en vérité, aimer nos frères, faire le bien, éviter le mal, respecter soi-même et les autres : les prières et les chants, c'est là ce qu'on nomme le culte : les honnêtes-gens ont donc tous, comme dit un auteur estimable, la même religion depuis le sauvage jusqu'à l'Espagnol, et depuis le Mahométan jusqu'au Janséniste ; ils ne diffèrent entre eux que de culte, et il peut en exister autant que d'individus : le culte n'étant autre chose que la manière de reconnoître l'Être suprême.

Soyons donc tolérans ; faisons aimer la Révolution, et

nous déjouerons toutes les intrigues , détruisons l'esprit de secte ; ayons le courage de nous donner une réputation d'aristocratie pour dessiller les yeux aux ignorans ; si c'est toutefois se donner une pareille réputation , que de ne pas flatter les erreurs des Prêtres constitutionnels ; si nous prenons un parti contraire , si nous craignons de dire la vérité pour quelques avantages personnels, nous anéantissons l'esprit public , nous éternisons les divisions , et nous conservons dans notre sein une partie de la Nation , qui regrettera toujours l'ancien régime : nous ferons plus ; j'ose le dire , nous perdrons le fruit de nos succès dans le Brabant , je connois le Peuple de ce Pays , il est ignorant et fanatique , il y a deux ans il haïssoit la maison d'Autriche parce qu'il aimoit ses Prêtres , et il les aime encore : le seul moyen de gagner ce Peuple à la Liberté , celui qui peut la donner à l'Europe entière , c'est de se rendre indifférent à tous les cultes : la Convention Nationale doit les ranger tous sur la même ligne sans acception ni faveur, elle ne doit en salarier aucun : tout Prêtre doit vivre de l'Autel , c'est donc à ceux dont il dessert les Autels à le salarier. la Nation en masse ne pouvant avoir aucun culte, elle ne peut payer des Ministres qui ne sont pas les siens ; cependant je conserverois volontiers aux Curés constitutionnels leurs appointemens par forme de pension viagère, non pas à titre de Prêtre, mais parce qu'en bons Citoyens, ils se sont conformés aux Lois de leur Pays , dans un moment où il falloit un grand courage pour le faire ; je les dispenserois même tous de continuer leurs fonctions , s'ils préféroient leur repos.

Voilà , Citoyens , mes actions et mes principes , vous me verrez toujours tel que je vous le dis ici, l'ami des bons, l'ennemi des mauvais Citoyens ; si quelque Prêtre s'écarte des Lois de la plus stricte tolérance, s'il viole les principes ou donne des mauvais conseils, si lui ou quelqu'autre Citoyen tente de troubler la tranquillité publique, venez me les nommer, je les dénoncerai aux Tribunaux ; seul j'aurai le courage de poursuivre leur punition, fussent-ils enivrés de la plus grande popularité.

Maintenant j'ai répondu à mes calomniateurs, jugez-moi, voyez si je suis encore digne de votre confiance ; je resterai à mon poste, tant que je pourrai faire le bien, et je ne l'abandonnerai, que lorsque les méchans m'auront rendu dans l'impuissance de faire exécuter les Lois.

Fait à Bailleul, le 4 Décembre 1792, l'an premier de la République Françoise.

Après avoir mis ainsi un chacun à portée de juger, et mon Adresse et les torts qu'on m'en impute, je suis arrivé naturellement au deuxième chef d'accusation ; le voici tel que le Département me l'a imputé. « Pourquoi, m'a-t-il « dit, dans votre Discours, lors de l'installation du Citoyen « Matteys, vous êtes-vous servi d'expressions qui jettent » du blâme sur les Décrets de l'Assemblée Nationale « Constituante, qui sont devenus Lois générales de la « France ? n'avez-vous pas senti, combien il étoit coupa- « ble de provoquer ainsi le mépris des Loïs ?

C'est donc au discours seulement, que se borne ce prétendu blâme, que j'ai jeté sur les Lois de la Répu- blique : si c'est jeter du blâme sur une Loi, que de la trouver mauvaise, j'avoue que je suis coupable, lors même que j'y ai obéi ; mais afin que je ne le paroisse pas plus que je ne le suis, je transcrirai ici le Discours tel que je l'ai prononcé.

DISCOURS

Prononcé par le Citoyen H. DECLERCQ, Maire de la Ville de Bailleul, en présence du Conseil-Général de la Commune et du Peuple, lors de l'installation du Citoyen MATTEYS, Curé salarié par la Nation pour le Culte Catholique, le 18 Novembre 1792, l'an premier de la République Françoise.

CITOYEN,

Les Magistrats du Peuple viennent ici remplir un de- voir que la Loi ordonne, mais que l'Égalité et la raison réprouvent. Fonctionnaires Civils, nous ne devrions avoir aucun rapport avec un Ministère Religieux. Sous une Constitution libre, aucun Culte ne doit être privilégié, chaque individu peut avoir le sien, nul ne doit être celui de la Nation : et certes, le domaine de la conscience n'est pas plus du ressort d'aucune puissance humaine, que ne l'est celui de la pensée ; car, de même que l'esclave, accablé du poids de ses chaînes, conserve encore toute entière la liberté de son opinion ; de même, nul ne peut lire, et n'a droit de pénétrer dans l'intérieur de notre ame. Il est donc bien étrange que l'Assemblée Constituante, à qui nous devons la sublime déclaration des droits, n'ait pas senti qu'en favorisant d'une manière particulière le Culte extérieur d'une religion quelconque, elle substituoit à la place de la Liberté et de l Egalité, les divisions religieuses, et à l'esprit public, l'esprit de faction ; et si par des considérations peu philosophes, elle a cru devoir encore flatter les préjugés du vulgaire, celle-ci les sappera jusque dans leurs fondemens, et tout nous annonce que la religion réduit au seul rapport de l'homme avec l'Être infini, né servira plus de prétexte à diviser la grande Famille, et éloigner de nous les douces jouissances de la Liberté et de l'Egalité.... Ces vérités ne doivent pas vous étonner, Citoyen ; vous ne recevrez jamais de nous ni complaisances, ni chagrins ; comme Prêtre, vous ferez dans ce Temple tout ce que votre Culte vous prescrit ; nous vous protégerons même d'une attention particulière, parce que vous acceptez les fonctions d'un Ministère, ennemi des ennemis de la République; mais ne vous attendez pas, que comme Magistrats du Peuple, nous venions dans ce Temple assister à vos cérémonies lithurgiques, on ne nous y verra jamais en cette qualité, que lorsque nous aurons des devoirs civils à remplir, chacun de nous adorera l'Être Suprême à sa manière, et nous voulons que tous nos Concitoyens jouissent de la même liberté... Le droit de penser est à nous, et personne ne peut poursuivre dans son voisin, la prétendue faute de ne pas penser comme lui....

Voilà notre profession de foi, elle est conforme à la Liberté et à l'Egalité, que nous avons juré de maintenir, et nous serons fidèles à notre Serment.... Quant à vous, Citoyen, à qui votre Maître ordonne d'être doux, humble et bienfaisant, prouvez-nous que vous êtes son Disciple, en imitant ses vertus.

Sans doute qu'il n'y a ici personne parmi nous, qui ne fut indigné des sinistres prédications de quelques uns de vos prédécesseurs, qui maintenant bannis et errans, ne rougissoient pas alors de faire retentir ces voûtes sacrées de leurs suggestions perfides ; que ne dis-je, de leur impiété.... Oui , Citoyen ; le vrai impie est celui qui trompant les hommes au nom d'un Dieu qu'il fait servir de prétexte à ses indignes passions , se sert avec succès de l'empire funeste de l'opinion , pour troubler les Sociétés , les asservir à des tyrans , et s'élever par ce moyen sur les ruines de la Liberté , de la sureté , de la félicité publique.

N'imitez pas ces mauvais Citoyens dans un sens contraire , en prêchant que cette Révolution n'a été faite que pour changer de Prêtre ; soyez utile à vos semblables , n'éloignez pas l'esprit public par l'esprit de secte , et votre nom sera béni par tous les amis de la Patrie et de l'humanité.... Et vous tous , Citoyens , qui m'écoutez , vous qui connoissez la tranquillité qui règne en cette Ville , croyez-vous qu'elle n'auroit jamais été interrompue , si les Commissaires-Municipaux que nous remplaçons , avoient voulu dominer la pensée et préféré le sot orgueil de régner , à la douce satisfaction de persuader et de ramener ainsi par la puissance de la raison , leurs Concitoyens égarés ?

Ne soyons donc point surpris , si le plus grand nombre des Habitans de cette Ville , par une confiance aveugle dans leurs Magistrats d'alors , donnèrent si long-temps le change aux motifs de nos Législateurs.... Leur imagination frappée ne leur fit voir dans la Révolution , que des Prêtres , et ce qui n'étoit que l'effet ou la conséquence directe de la déclaration des droits , de la Liberté et de l'Égalité , leur fut représenté comme la destruction , le renversement de la religion. Les insensés ! et ils n'appeloient pas moins à hauts cris , ce Roi parjure , qui flattoit leur crédulité , pour s'en faire une arme contre la Liberté et l'Egalité.

Voyez maintenant ce qu'a fait l'esprit de persuasion : tous les jours les obstacles se lèvent , la raison et le patriotisme triomphent , et nous ne comptons plus aucun Habitant , qui frappé d'horreur des trahisons de Louis XVI , ne bénisse le nouveau Gouvernement : ils ne demandent qu'une chose , c'est de pouvoir faire guérir en paix leurs maladies spirituelles par le médecin spirituel , qui jouit de leur confiance ; et sans doute , rien n'est plus équitable. D'ailleurs avec quelle justice leur refuseroit-on un droit qu'ils tiennent de la Nature et de la Constitution ?

Jouissons donc , chers Concitoyens , de la Liberté et de l'Égalité ; bénissons-les ; faisons-les régner , ce sont

là

là les véritables sources du bonheur social : la Liberté per-
met tout ce qui nous est agréable de faire , et qui ne nuit
pas aux droits d'autrui : l'Egalité veut que nous soyons
tous à chacun , et chacun à tous , c'est-à-dire , que nous
protégions et que nous ne souffrions qu'il soit porté atteinte aux propriétés , aux personnes , et à leurs opinions.

Gardons-nous donc d'attribuer le nom d'*Aristocrate* à
ceux qui ne fréquenteront pas les cérémonies du Ministre
que nous installons , ou qui n'auroient aucune confiance
dans le culte qu'il professe ; craignons qu'en les désignant
comme tels , ils ne s'accoutument à cette idée , et ne le
deviennent effectivement : souvenons-nous toujours, qu'il
est permis dans un Pays libre, de croire que Melchisedech
est le vrai Prêtre du Seigneur, lorsqu'avec fidélité on
y remplit les devoirs du Citoyen.

, Telle est , Citoyen, la tolérance de la Loi , telle sera
celle de vos Magistrats, ils en renouvellent ici l'engage-
ment, et vous protestent qu'ils n'auront jamais d'autre
ambition que celle de bien faire , et de gagner des cœurs
à la Révolution.... Nos ennemis même nous feront honneur, car assurément , ils seront ou des ignorans qui ne
connoissent pas les droits de l'homme , ou des fourbes qui
se plaisent dans les désordres pour les tourner à leur propre avantage ; et enfin, si, guidés par des sentimens
aussi purs que bienfaisans, on nous calomnie encore ,
nous sommes résignés à n'y répondre jamais ; ce seroit trop
honorer les méchans.

Vous avez entendu nos sentimens , nous espérons que
les vôtres y seront aussi conformes , et c'est dans ce sens ,
que nous vous proposons ici le Serment suivant :

Vous jurez d'être fidèle à la République et à la Loi , et
de maintenir la Liberté et l'Egalité , ou de mourir en les
défendant.....

La Liberté et l'Egalité , voilà notre devise. Soyons-y
à jamais imperturbablement fidèles ; et qu'il soit dit dans
les Annales de la République : « Bailleul, qui jadis fut
« le foyer du fanatisme et de l'aristocratie , vit éclore dans
« son sein la véritable tolérance , germe unique de la fra-
« ternité , de la bienfaisance , de l'humanité, en un mot
« de toutes les vertus sociales.

G

Il me semble que j'entends déjà dire à tous ceux qui auront lu ce discours, qu'il ne contient que des principes
aussi purs qu'incontestables, mais n'importe, j'ai jeté du
blâme sur une Loi de la République, il faut prouver que
j'ai pu le faire, ou j'ai mérité le reproche qu'on m'a
fait.

Ce blâme, à ce qu'on voit, consiste en ce que j'ai
trouvé mauvais que l'Assemblée Nationale constituante
ait favorisé un culte plutôt que l'autre, en décrétant une
Constitution civile du Clergé pour le culte catholique : or
je prouverai 1°. que cette assemblée a méconnu les droits
de l'homme, en privilégiant ainsi l'une secte plutôt que
l'autre : 2°. Qu'elle a décrété une Loi impolitique, et
qui a causé une grande partie des désordres, dont nous
sommes tous les jours les témoins : 3°. Je poserai en fait
que la Convention Nationale la supprimera ; et finalement
je prouverai qu'il est permis de trouver une Loi mauvaise,
même après son émanation.

D'abord la liberté des opinions religieuses dérive decelle
de penser, elle est inaliénable et imprescriptible; leur manifestation l'est de même, pourvu qu'elle ne trouble pas
l'ordre public, c'est la seule limitation que la Loi peut
donner à ce droit sacré ; et ce qui est également incontestable, c'est que l'homme ne jouit de cette liberté
qu'à condition d'en laisser aussi jouir son semblable ; autrement l'un seroit libre aux dépens de l'autre.

La déclaration des droits a proclamé cette vérité éternelle, en déclarant que les hommes naissent et demeurent
libres et égaux en droits ; que la liberté consiste à pouvoir faire tout ce qui ne nuit pas à autrui ; enfin que
nul ne doit et ne peut être inquiété pour ses opinions,
même religieuses, pourvu que leur manifestation ne
trouble point l'ordre établi par la Loi.

De cette liberté d'opinions religieuses dérive nécessairement qu'il peut exister autant de religions, autant de
cultes qu'il y a d'hommes en France, et qu'on ne sauroit prétendre à assujettir son voisin à professer les opinions religieuses qu'on professe soi-même.

Il suit encore de ce principe, que les Représentans
de toute la France ne peuvent favoriser le culte de l'un

individu plus que l'autre, puisque toute Loi doit être essentiellement fondée sur le droit et l'utilité commune.

Or je le demande, la Constitution civile du Clergé repose-t-elle sur ces bases ? Pour qui est-elle décrétée ? Est-ce en faveur de toutes les sectes ? Les droits de tous sont-ils respectés ? N'y a-t-il personne qui soit lésé dans ses opinions ? Catholiques, Musulmans, Réformés, Quakers, Dunkers, Memnotistes, sont ils de niveau ? Non sans doute : elle n'est émanée que pour les Catholiques ; donc l'Assemblée constituante (1) a favorisé l'une secte plutôt que l'autre ; donc cette Loi n'a point les droits de tous pour objet ; donc elle ne repose pas sur l'utilité commune.

Et en effet, ce n'est ni pour les Luthériens, ni pour les Juifs, ni pour telle autre secte, que cette Loi a ouvert les temples et édifices nationaux ; ce n'est pas pour eux que les cloches étourdissent nos oreilles, ce n'est pas pour eux qu'elle salarie les Curés constitutionnels, mais pour la secte catholique ; il a été seulement permis aux autres d'aider à supporter les contributions qui doivent servir à salarier les Ministres constitutionnels (2).

---

(1) Les Tribunaux choisis par les Citoyens de toutes les Religions, ne peuvent juger les jours de fêtes chaumées et célébrées par le culte catholique ; cependant par une exception particulière, l'article 1er. du titre 7 des Décrets du 14 et 18 Octobre 1790, a déclaré que les Juges de Paix pourront juger tous les jours, même ceux de dimanches et de fêtes, hors les heures du service divin, (c'est-a-dire du culte catholique) le matin et l'après-midi, et on dira encore qu'il n'y a point de religion dominante en France !

Une autre preuve, que le catholicisme constitutionnel est véritablement dominant, c'est que par-tout on souffre que les Prêtres de cette Religion se présentent dans les rues et chemins publics en costume religieux.

(2) Peut-être dira-t-on qu'ayant déclaré tous les biens du Clergé catholique à la disposition de la Nation, l'Assemblée devoit la subsistance aux Ministres de ce culte ; mais s'il est vrai que la Nation devoit une indemnité aux Ministres du culte catholique, proportionnée à la perte

Le Peuple de l'Amérique plus sage que nous, a décrété depuis long-temps comme une conséquence immédiate du droit de l'homme, que chaque religion devoit entretenir ses Ministres, et qu'aucune d'elles ne pouvoit être plus privilégiée que l'autre.

L'article 1er. de la déclaration de *Pensylvanie*, dit en termes exprès : » *Qu'aucun homme ne doit ni ne peut être legitimement contraint à embrasser une forme particulière de culte religieux, à établir ou entretenir un lieu particulier du culte, ou à soudoyer des Ministres de religion contre son gré, ou sans son propre et libre consentement.*

L'article 1er. de celle de la *Ware*, déclare de même : *Aucun homme ne doit ni ne peut être legitimement contraint à pratiquer un culte religieux, ou à soudoyer des Ministres de religion contre gré ou sans son consentement.*

L'article 35 de celle de *Margland*, dit la même chose, ainsi que l'article 19 de celle de la *Caroline*.

Toutes ces déclarations proclament hautement la liberté indéfinie d'opinion et de culte religieux : voici ce que dit l'article 2 de la déclaration de la République de *Massachussett*; on y lit : *Que c'est un droit aussi-bien qu'un devoir pour tous les hommes vivans en société, de rendre à des temps marqués un culte public au Créateur et conservateur de tout l'Univers; et aucun sujet ne doit être troublé, molesté, ni contraint dans sa personne, dans sa liberté, ni dans ses biens pour le culte, qu'il rend à Dieu de la manière et dans les temps les plus convenables à ce que lui dicte sa conscience, ni pour ses sentimens en matière de religion, ni pour la religion qu'il professe, pourvu qu'il ne trou-*

---

de leurs revenus : il suit de-là que ce n'est pas comme Curés constitutionnels, comme fonctionnaires publics, mais comme créanciers de l'État, que les Prêtres catholiques ont droit à une pension; au lieu qu'en les salariant comme Ministres d'une secte ou comme fonctionnaires-publics, elle a créé une famille dans laquelle personne ne naît, qui ne meurt jamais, et qui pesera éternellement sur la Nation.

*ble point la tranquillité publique, et qu'il n'apporte
aucun empêchement au culte religieux des autres.*

L'article 18 de la déclaration de *la Virginie*, dit encore, *que la religion qui est due au Créateur, et la manière de s'en acquitter, doivent être uniquement dirigées par la raison et la conviction, et jamais par la force ni par la violence ; d'où il suit que tout homme doit jouir de la plus grande Liberté de conscience, et de la Liberté la plus entière aussi dans la forme du Culte, que sa conscience lui dicte, et qu'il ne doit être ni géné ni puni par le Magistrat, à moins, que sous pretexte de religion, il ne troublât la paix ou le bonheur de la société : c'est un devoir de tous les Citoyens de pratiquer la tolérance chrétienne, l'amour et la charité, les uns envers les autres.*

S'il est vrai que l'Assemblée Constituante a proclamé les mêmes principes, il l'est de même qu'elle les a méconnus dans la suite : dès le mois de Mai 1791, la majorité des Membres ne tarda pas à s'appercevoir, que la Constitution civile du Clergé étoit une institution vicieuse, quant à l'obligation qu'on sembloit vouloir en tirer pour la faire suivre, et adopter par tous les Catholiques existans en France ; pour en convaincre tout lecteur impartial, je me bornerai à transcrire ici une partie du rapport, que fit à ce sujet le 7 Mai 1791 l'Evêque d'Autun, l'un des premier qui a prêté serment, qui a consacré tous les nouveaux Evêques, et dont par conséquent, le témoignage en cette matière ne sera nullement suspect.

« Il est temps, disoit-il, que l'on sache, que la liberté
« d'opinion ne fait pas en vain partie de la déclaration des
« droits ; que c'est une liberté pleine et entière, une
« propriété réelle non moins sacrée, non moins inviolable
« que toutes les autres, et à qui toute protection est due :
« ne parlons pas ici de tolérance, cette expression dominatrice est une insulte, et ne doit plus faire partie du
« langage d'un peuple libre et éclairé.... Pourquoi nous
« bornerions-nous à cette tolérance hypocrite, qui se réduit
« à souffrir la diversité d'opinions religieuses, pourvu
« qu'elle ne se manifeste par aucun acte extérieur, ainsi
« on consent à dire, qu'il est permis de penser, mais sous
« la condition bien expresse qu'il ne seroit jamais permis
« d'exprimer ce que l'on pense, ni d'agir conformément
« à sa pensée : il faut enfin prononcer la vérité toute

« entière, et savoir ne s'effrayer d'aucune de ses consé-
« quences : s'il doit être libre à chacun (aux yeux de ses
« semblables :) d'avoir une opinion religieuse, différente
« à celle des autres, il est clair qu'il lui est également
« libre de la manifester, sans quoi il mentiroit éternelle-
« ment à sa conscience, et par conséquent aussi, il doit
« lui être libre de faire tout acte qui lui est commandé
« par cette opinion, lorsque cet acte n'est nuisible aux
« droits de personne, de là suit évidemment la liberté des
« Cultes ; tout cela est renfermé dans la déclaration des
« droits ; tout cela est la déclaration des droits elle-même.

« En prononçant cette liberté religieuse dans toute son
« étendue, continue-t-il, nous n'exceptons aucune croyan-
« ce : chez un peuple libre, la liberté religieuse com-
« prend indistinctement toutes les opinions sans distinc-
« tion de secte ; si celle des Juifs, des Protestans doit
« être respectée, celle des Catholiques non conformistes,
» (à la Constitution civile du Clergé) doit l'être égale-
« ment : car elle n'est proscrite ni par la Constitution, ni
« par la Loi : il faut oser dire au peuple, qu'il s'abuse,
« et en même-temps se contredit, lorsqu'il se persuade
« qu'il est en droit d'empêcher un second Culte Catholi-
« que, dès-lors qu'il reconnoît que tous les autres sont
« libres : c'est sur ce faux prétexte, que les Protestans
« essayèrent sous le règne de Louis XIV cette longue per-
« sécution, dont la raison et l'humanité, ont été si révol-
« tées dans ces derniers temps, parce qu'on ne vouloit
« pas, disoit-on, deux Cultes de la religion Chrétienne ;
« c'est pareillement sur ces principes, que les Protestans
« de diverses sectes se sont quelquefois déclaré la guerre,
« parce qu'ils pensoient qu'il ne falloit pas non plus deux
« Cultes de la religion réformée, que les uns et les autres,
« s'accusoient aussi, comme dans ce moment, d'être les
« ennemis de l'état, et que sous ces prétextes odieux, la
« plus horrible intolérance a plus d'une fois ensanglanté la
« Terre : on doit regarder le Catholique non conformiste
« (à la Constitution civile du Clergé) comme le protes-
« tant ; celui-ci, fût-il d'ailleurs très-patriote, refuseroit
« bien certainement de prêter ce serment, puisque la
« Constitution civile du Clergé suppose des autorités Ecclé-
« siastiques (celle du Pape par exemple) qu'il n'admet
« pas, et une croyance absolument contraire à la sienne.

N'importe qu'aux yeux de l'homme éclairé, ces deux

prétendus Cultes Catholiques n'en fassent qu'un, n'importe que la religion des Prêtres inconstitutionnels, s'il est
permis de se servir de ce terme, soit la même que celle
des Curés (soi-disant) constitutionnels, il doit être permis aux uns de croire qu'elles sont toutes les deux une et
la même chose, et aux autres qu'elles sont deux religions
différentes. ,, personne, dit encore le même Évêque,
,, ne pense plus sincèrement que moi, que la religion,
,, dont les cérémonies sont célébrées dans nos Églises, est
,, la religion Catholique dans toute sa pureté, et cependant
,, on ne peut disconvenir, que déjà il n'existe à cet égard
,, en France deux opinions fortement prononcées ; que
,, plusieurs ne croient, ou du moins ne soutiennent, que
,, la Constitution civile du Clergé blesse le dogme Catho-
,, lique, et nous constitue dans un état de schisme; j'espère
,, que cette opinion s'affoiblira de jour en jour, que la
,, bonne foi ne tardera pas à s'éclairer, la mauvaise foi à
,, se décourager, et la vérité à reprendre tous ses droits ;
,, mais par ce motif même, autant que par amour pour
,, la Liberté, il faut que cette opinion ne soit point tyran-
,, nisée ; il faut que tous ceux qui le penseront, même
,, ceux qui ne le penseront pas, puissent sans crainte
,, dire, que nous sommes schismatiques, si cela leur
,, convient, il faut par conséquent, que le Culte qu'ils
,, désireront célébrer à part, *soit que d'ailleurs il dif-*
,, *fère, ou non du nôtre*, soit aussi libre que les autres
,, Cultes ; sans cela la liberté religieuse n'est qu'un vain
,, nom; on redevient un peuple intolérant; on justifie tou-
,, tes les persécutions quelconques, et à la honte de l'hu-
,, manité, on renouvelle sans le savoir la persécution aussi
,, odieuse que ridicule, par laquelle on a vu au milieu de
,, ce siècle, exiger sous des peines sévères des billets de
,, confession d'un Prêtre qui avoit signé un Formulaire,
,, à l'exclusion de tout autre Prêtre qui ne l'avoit pas
,, signé, et tourmenter de ces ordres tyranniques les der-
,, niers momens des mourans ; et qu'on ne se livre pas
,, à des fausses terreurs sur les conséquences de ces princi-
,, pes ; cette liberté ajoutée à tant d'autres, est un des
,, grands bienfaits, par lesquels la Révolution s'affermira
,, chaque jour davantage, et qui lui vaudra tôt ou tard,
,, l'hommage et la reconnoissance du genre humain ,,
Ainsi parloit il y a près de deux ans, un Évêque Constitutionnel, un homme éclairé.

Loin d'avoir prêché ces principes d'éternelle vérité, la

plupart des Curés Constitutionnels ont prétendu être en droit de défendre l'exercice d'un second Culte Catholique; forts de leur titre de *Fonctionnaire Public*, ils ont susbtitué l'amour de secte à l'esprit public: aussi étoient-ils trop privilégiés pour ne pas se croire en droit d'être intolérans : Ministres d'une partie de la Nation, et salariés avec les deniers de tous, jouissans seuls des édifices Nationaux, ils ont recréé une religion dominante, qui par son caractère de publicité, avouée et reconnue solennellement par les Lois civiles, a absorbé et méprisé toutes les autres ; il reste donc constant que l'Assemblée Nationale a méconnu les principes éternels de la raison et du droit de l'homme, en créant une secte privilégiée, en un mot, en décrétant la Constitution civile du Clergé.

J'ai dit encore, que cette Constitution est une Loi impolitique, et qui a causé une grande partie des désordres, dont nous avons été témoins, et je vais le prouver.

Chaque fois, qu'un Prince, Roi, ou Législateur, a conservé une religion privilégiée, les Ministres de cette religion se crurent toujours en droit de mépriser les autres ; ils ne souffrirent plus qu'on pensât autrement qu'eux, et firent du crime de l'intolérance, une vertu qu'ils inculquèrent dans l'ame de leurs disciples ; or, loin d'avoir sappé ces abus, en mettant toutes les religions sur la même ligne, l'Assemblée Nationale Constituante, comme je viens de le prouver, a créé un Clergé Constitutionnel, a rendu cette religion dominante de fait, et par cela seul, elle a commis une grande faute en politique, en détournant ainsi les yeux de leur véritable but, de l'intérêt public.

Pour être convaincu de cette vérité, il suffit de voir ce qu'est la France en ce moment, avec ce qu'elle étoit au commencement de la Révolution.

Jetez les yeux sur la plupart des Communes, et surtout des campagnes ; vous conviendrez, que depuis la Constitution civile du Clergé, le nombre des ennemis de la Révolution est infiniment accru : avant cette époque, elle n'avoit pour ennemis, que des nobles, des gens en places et des privilégiés ; mais aujourd'hui, le cultivateur, l'artisan, le propriétaire pour qui la Révolution a été faite, la détestent en partie, et cela seulement, parce qu'on ne leur a pas laissé la jouissance de la libre manifes-

tation

tation de leurs opinions religieuses ; une contrainte aussi
odieuse a tellement corrompu l'esprit public , que celui-
là même , qui gagne le plus au nouveau régime , semble
regretter l'ancien.

Aux yeux d'un homme aussi prévenu , l'auteur de son
bonheur est un tyran , et il hait son bienfaiteur : en
vain celui qui est de bonne foi , cherche-t-il en lui-même
les moyens d'être heureux , il n'y trouve souvent que les
préjugés de son enfance , et préfère cette illusion aux Décrets les plus salutaires et les plus avantageux pour lui.

Si au contraire vous jetez les yeux sur un sectateur des
Prêtres Constitutionnels , ce n'est plus l'homme , qui hait
les tyrans , qui soutient la souveraineté du peuple , qui
s'applaudit de la suppression du régime féodal , de la
dime , des corvées , de la noblesse etc. etc. qui lui paroît un bon patriote , mais c'est celui qui va à la messe du
Curé Constitutionnel , qui semble mériter toute sa confiance ; vertus , talens , patriotisme , n'est rien à ses yeux,
il n'en trouve pas hors de l'Église , et son délire va si loin ,
que l'homme le plus respectable et le plus patriote , d'ailleurs , ne lui paroît qu'un vil suppôt du despotisme , si
sa conscience ne lui inspire du respect et de la confiance , pour le Culte et les cérémonies du Curé Constitutionnel. (1)

Qu'un ancien agent fiscal ait extorqué toute sa vie le
sang et la sueur de ses Concitoyens , qu'au commencement de la Révolution il ait professé des principes liberti-
cides ; s'il fréquente avec exactitude les Offices du Curé
Constitutionnel , tout lui sera pardonné , et bientôt vous

---

(1) Ils forment une chaîne de correspondance , qui ,
tôt ou tard peut devenir très-nuisible à la prospérité de la
République , ils influencent toutes les Assemblées politi-
tiques , c'est un Curé qui préside le Département ; c'est
un Curé qui préside le District de Lille , c'est un Curé
qui est Maire , et en même temps Officier Public à Mer-
ville , enfin c'est presque par-tout les Curés qui sont chargés de ces dernières fonctions , et plusieurs ne sont pas
même Membres du Conseil-Général de la Commune.

H

le verrez jouir de la confiance de ses Concitoyens. (1) Quel bouleversement d'idées ! que ces réflexions me désolent !

Je sais bien que ce que je dis ici , et ce que je vais dire encore , déplaira à bien du monde ; mais n'importe , c'est la vérité , c'est pour mon bonheur , c'est pour celui de mes concitoyens que je la professe , et rien ne saura m'empêcher de démasquer les traîtres.

Jusqu'à quand donc le Prêtre et l'Autel enchaîneront-ils le bonheur de l'humanité ? Quel rapport y a-t-il donc entre un Culte religieux et la Révolution ? Ne distinguera-t-on jamais le Citoyen avec le Chrétien , le Républicain avec le Sectaire ?

O honte ! pendant que nos braves défenseurs remportent des victoires sur les satellites du despotisme , à peine s'en occupe-t-on dans les Municipalités ; les Curés Constitutionnels , au lieu d'inspirer dans les cœurs l'amour sacré de la Patrie , et de la Liberté , y allument les torches du fanatisme , et au lieu d'engager leurs Paroissiens à l'humanité , à la bienfaisance , ils ne leur parlent que de Prêtres insermentés et d'aristocratie , ils paroissent indifférens sur tous les points , qui caractérisent un véritable Pasteur , pour ne s'attacher qu'aux qualités de sectaire (2). Oui , j'ose le dire, si tel Curé avoit à choisir entre le gain d'une Bataille , et la confiance universelle de ses Paroissiens , il préféreroit celle-ci à la victoire la plus complète , tant il est vrai que l'esprit de secte est contraire à la prospérité publique.

─────────────

(1) Bientôt , au lieu de Certificats de civisme on ne verra donner que de Certificats de catholicisme constitutionnel.

(2) Beaucoup font pis encore , ils prêchent, ils fulminent du haut de leurs Chaires contre les Lois les plus salutaires ; ils traitent d'hommes sans mœurs comme sans foi , ceux qui s'y conforment ; il n'existe point d'honnête homme à leurs yeux , qui ne soit leur aveugle sectaire ; mais ce qui doit étonner davantage , c'est que ces fourbes osent invoquer en faveur de leurs blasphèmes anti-sociales , le Concile de Trente, qu'ils ont déjà mille fois foulé aux

Ce n'est pas qu'en dépeignant les erreurs des Prêtres Constitutionnels, je prétende justifier celles des autres : la majorité des anciens Curés étoit encore plus dangereuse, non pas parce qu'ils professoient que le Pape est, ou n'est pas le Chef visible de l'Eglise, mais parce qu'en confondant le spirituel avec le temporel, ils préchoient la chute de la société, la contre-révolution, et c'est ici que le peuple confond souvent le Citoyen avec le Prêtre ; qu'un Ecclésiastique par exemple, dise qu'il ne faut pas aller à la messe du Curé Constitutionnel, et que la sienne vaut mieux, il ne faut pas pour cela le haïr ; il est libre de croire sa messe meilleure qu'une autre, et il ne peut être puni comme sectaire, aussi long-temps qu'il ne pêche pas comme Citoyen.

Il suit évidemment de ces principes, qu'il est permis d'avoir sans crime, et sans aristocratie, une opinion différente aux Curés Constitutionnels, et même de dire, qu'ils ne sont pas dans le sein de l'Eglise ; en un mot, de faire secte à part, et cette secte, se subdivisât-elle en vingt mille autres, elles ne sont aucunement dangereuses, si l'une d'elles ne devient dominante ; la violence fait des fanatiques, et produit des troubles dans l'Etat.

Les peuples de l'antiquité, qu'on nous a si souvent dépeints comme des aveugles, permettoient à chacun d'avoir ses Dieux, et de suivre paisiblement le Culte de ses pères ; ils ne se sont jamais arrogé le droit affreux de tyranniser la pensée, et ne trouvèrent pas à chaque instant, comme nous, des motifs sans cesse renaissans, pour se haïr et s'exterminer.

O vous hommes simples et trompés, hommes intolérans de bonne foi ! ne souffrirez-vous jamais, qu'on soit heureux autrement que vous ? Serez-vous toujours la dupe de ces êtres, pétris d'ambition et de cupidité, qui, sous le voile du patriotisme savent masquer leurs animosités personnelles, leurs intérêts particuliers, et tous leurs vices ; qui mettent leurs passions à la place de la Loi ; qui prodiguent les calomnies et les haines ; qui crient liberté

---

pieds, en sorte qu'ils paroissent plutôt de Cannibales, prêts à renverser la société entière, pourvu qu'ils puissent régner sur ses débris.

et n'en souffrent pas, et pour comble de malheur, qui font tous les jours des nouveaux ennemis à la mère patrie.

Ah ! suivez plutôt l'instinct de la nature, suivez la raison, votre propre intérêt, et vous verrez que pour avoir le droit d'être libre, vous devez laisser aux autres l'exercice de cette liberté : chassez loin de vous ces êtres dénaturés, ces ames de fer et de boue, dont le cœur gonflé d'orgeuil, se fend d'intolérance, et qui semblent ne vouloir détruire la tyrannie d'un seul, que pour s'en approprier un lambeau.

Non ! la Liberté ne marche pas avec des chaînes : il faut qu'un chacun puisse faire ce qui n'est pas défendu par les Lois ; il ne faut pas que l'un Citoyen puisse commander à l'autre des opinions religieuses : il ne faut pas en un mot, qu'il y ait une religion (1) dominante ; or,

____

(1) Lisez, et jugez ce que fait l'idée de religion dominante, dans une tête fanatique.

Citoyens Maire et Municipaux de la Ville
et Paroisse de Bailleul.

« Comme il nous est annoncé par votre Curé Constitu-
« tionnel, qu'on a intercepté, et déposé dans votre Cham-
« bre de Commune plusieurs Catéchismes de l'Evêque
« d'Ypres, je vous prie de la part de notre Evêque légiti-
« me, de vouloir faire transporter ces imprimés chez le
« Citoyen Matteys votre Curé légitime, afin d'être exa-
« minés, *approuvés* ou *réprouvés*, par le délégué de notre
« Evêque, c'est la demande que je soussigné ai laissé dans
« votre Chambre, ce 11 de Janvier 1793.

„ par ordre de mon Evêque.

„ Vervisch, Vicaire Episcopal
„ et Curé d'Hazebrouck.

Quel est l'homme de bon sens, qui, en lisant cette Lettre, ne se croit pas transporté dans un pays d'inquisition : quoi ! un soi-disant Vicaire Episcopal, ose prier une Municipalité, *au nom de leur Evêque légitime*, de faire être chez leur *Curé légitime*, des imprimés, pour être par lui *examinés*, *approuvés* ou *réprouvés*, comme si les

(61)

j'ai assez prouvé ci-dessus, que l'Assemblée Nationale
Constituante, a amalgamé les Prêtres Catholiques avec la
Constitution ; qu'elle a rendu une religion dominante de
fait, et que c'est elle qui a causé, et qui cause encore
tous les jours mille désordres.

Si quelqu'un pouvoit douter de l'impolitique, et de
l'immoralité de cette Loi, il n'a qu'à consulter les sages
Décrets de l'Assemblée Nationale Législative du 16, 17 et
18 Novembre 1791, qui, voyant que la France étoit divi-
sée sous prétexte de religion, a vu aussi, que presque par-
tout les Prêtres en étoient les auteurs; c'est pourquoi d'un
côté, et afin d'ôter tout prétexte de calomnie aux Prêtres
insermentés, elle a supprimé le serment des Prêtres, pour
y substituer un serment purement civique, en déclarant,
que lorsqu'un certain nombre de Citoyens demanderoit
leur éloignement pour les désordres qu'ils auroient commis, ou suscités, les Corps administratifs seroient tenus
de les déporter, après avoir vérifié les faits ; d'un autre
côté elle ôta aux Prêtres sermentés leur titre de *Fonctionnaire Public*, en les rappelant à leur véritable dénomina-
tion *de Ministre d'un Culte*; mais le dernier Roi qui voyoit
que ces salutaires Décrets alloient ôter aux uns, les moyens
de calomnier la Révolution, et aux autres la facilité de
continuer les troubles, jugea à propos d'y apposer son fatal
Veto, et par ce moyen, il a éternisé les divisions.

Heureusement, la Convention nationale va nous donner une Constitution toute Républicaine; déjà un membre
du Comité de Constitution a annoncé, qu'elle détruira
toutes les factions, et pour y atteindre, il est impossible

---

organes de la Loi avoient d'autre *Evêque*, ou *Curé légitime*, que les Lois elles-mêmes : et certes, le Catéchisme
d'Ypres ne peut pas plus nous être défendu que l'Evangile,
ou l'Alcoran ; autrement on sera tenu de convenir, que
la Presse, que les pensées, que les opinions, que tout
enfin, est enchaîné en France ; et alors le plus précieux
des biens, *la véritable Liberté*, pour laquelle nous sa-
crifions nos fortunes, nos veilles, nos bras, notre vie,
devient sinon un nouvel esclavage, au moins une pure
chimère.

qu'elle ne supprime pas jusqu'aux derniers vestiges d'une religion dominante.

J'avois dit à peu près les mêmes choses dans ce Discours, que le Département trouva incendiaire, sous prétexte qu'il ne seroit pas permis d'énoncer une opinion contraire aux Lois existantes ; j'ai fait plus, j'ai remis entre les mains du Président du Département, qui me fit ce reproche, une Lettre que j'avois écrite à la Convention Nationale, et où je professe les mêmes principes avec peut être encore plus d'étendue : voici cette Lettre.

Bailleul, le 26 Décembre 1792; l'an 1er; de la République Françoise.

Citoyen Président,

Communiquer ses idées, lorsqu'on les croit utiles à la propagation des droits de l'homme, de la Liberté et de l'Egalité, est la première dette d'un homme libre envers sa Nation.

La Convention Nationale a décreté dans sa sagesse, une main secourable aux peuples qui veulent secouer le joug de leurs tyrans : les fers qui tenoient les Belges à la Maison d'Autriche sont rompus, mais le peuple n'est pas libre encore ; le Général Dumouriez doit avoir instruit la convention de la difficulté d'établir la souveraineté du peuple dans la Belgique ; j'ai suivi les Révolutions de ce peuple ; je connois son caractère, et les moyens de le gagner à la Liberté.

D'abord lisez les annales de la dernière Révolution du Brabant, vous y verrez, que la masse du peuple haïssoit Joseph II...... Étoit-ce parce qu'il appesantissoit sur lui la verge du despotisme, non ; mais il haïssoit Joseph, parce qu'il aimoit ses Prêtres ; parce que Joseph philosophe, si toutefois un Roi peut l'être, supprima quelques Couvens, et fit enseigner dans l'Université de Louvain, que le mariage étoit un contrat civil, etc. Dès-lors les Prêtres remuèrent ; ils crièrent à la violation de la joyeuse entrée, prêchèrent dans toutes les Chaires, contre Joseph II, entassèrent les prétextes, et firent une Révolution ; vous voyez que la Liberté et l'Egalité n'y entrèrent pour rien : un petit nombre se montra les défenseurs des bons

principes ; ils parurent sous le nom de Vonkistes , appe-
lèrent une Représentation Nationale , mais trop foibles,
ils furent persécutés et réduits au silence ; les Prêtres au
contraire triomphèrent ; on les vit dans les Armées , et
parmi les combattans le crucifix à la main ; ce signe se
trouva sur toutes les Bannières , de sorte qu'on peut dire
avec vérité, que les Belges ont fait une Croisade , plutôt
qu'une Révolution.

Ce peuple , que l'Assemblée Nationale , les Auteurs et
les Ecrivains patriotes, se sont toujours plu à dépeindre
comme ami de la Liberté et de notre Révolution, n'est donc
rien de tout cela : au contraire il est superstitieux , enivré
de ses Prêtres et de ses opinions religieuses ; cependant il
haït encore la Maison d'Autriche , ce sentiment lui semble inné , et il est possible de s'en servir , pour le forcer
à être libre malgré lui.

Pour cela , il faut, Citoyen Président , que la Convention décrète le grand principe de la liberté religieuse ;
le Brabant craint qu'on n'aille établir chez lui un mons-
tre en politique, la Constitution civile du Clergé, et
dans le fond , il ne vaut pas la peine de détruire des
préjugés ultramontains pour en établir d'autres , d'autant plus dangereux, qu'ils semblent faire partie de la
Constitution d'un Peuple libre.

Puis-je le dire ! . . . Je ne fus jamais plus étonné que
de voir un grand nombre des Représentans de la Nation trembler devant les cris de quelques Prêtres constitutionnels du Département d'Eure et Loire. . . . . S'ils
méritent du pain parce qu'ils ont fait leur devoir dans
un moment où les préjugés retinrent le plus grand nombre de le faire , conservez-leur la pension, mais détruisez leur influence politique , détruisez la Constitution
civile du Clergé, et cet esprit de secte qui anéantit
l'esprit public, et ne nous présente dans la Révolution
que des Prêtres.

Etablissez le grand principe; mettez tous les cultes
sur la même ligne sans distinction ni préférence ; que
la Nation n'en ait aucun, mais que chaque individu
soit libre d'avoir le sien.

Si jamais la Convention Nationale adopte ces vérités, elle ralliera tous les hommes autour de la déclaration des droits, méconnus par l'Assemblée constituante ; le François sera béni dans le Brabant, l'ancienne haine des tyrans d'Autriche s'éveillera dans tous les cœurs, on détruira la Noblesse, on vendra les biens du Clergé, et le Peuple y applaudira ; au contraire, si on décrète une religion constitutionnelle, ou pour mieux dire si on laisse subsister celle qui est de fait dominante en France , on éloignera les Belges de notre Révolution, et tous les Peuples nous regarderont comme des tyrans, plutôt que comme des libérateurs ; ces réflexions, Citoyen Président, ne sont pas de moi, je les ai puisés dans les plus profonds Philosophes, et comparant les faits aux principes, je les proclame hautement comme des vérités : puisse le retard de la Convention à décréter ce grand principe n'en apporter aucun dans les révolutions des Peuples contre leurs tyrans.

Signé, H. DECLERCQ,
Maire de la ville de Bailleul.

Je me flatte que tout lecteur impartial aura trouvé les faits qui sont consignés dans cette Lettre, de la dernière exactitude ; j'ai prouvé ci-dessus l'évidence des principes, et je prouverai maintenant, que quoique j'y aie énoncé, ainsi que dans mon discours des opinions contraires aux Lois existantes, j'ai pu et même dû le faire.

L'opinion libre avant la Loi, l'est encore après sa prononciation, dit le sage Vergniaud, actuellement Président de la Convention Nationale, mais alors l'obéissance est un devoir ; or, peut-on m'accuser d'avoir refusé d'installer le Citoyen Matteys comme Curé constitutionnel ? Peut-on m'accuser d'avoir désobéi aux moindres détails de la Constitution civile du Clergé ou d'autres Lois de la République ? Ce discours contient-il seulement quelques expressions qui auroient pu provoquer la désobéissance aux Lois, ou bien peut-on m'imputer une seule action, je dis même une seule parole de ma vie publique ou privée, qui tendit au mépris des Lois ? J'ose me promettre que non ; et c'est à ceux qui me connoissent à juger, si je n'ai même fait le contraire, en prêchant
toujours

toujours l'amour des Lois, et l'observation la plus stricte de ce qu'elles prescrivent.

Mais si ce discours ne contient qu'une simple opinion contraire à une Loi existante, j'ai pu l'énoncer et l'imprimer même. Soutenir le contraire c'est méconnoître la déclaration des droits et les premiers principes de la liberté.

J'avoue que j'ai trouvé la Constitution civile du Clergé contraire à ces principes sacrés, et que je l'ai regardé comme la Loi la plus impolitique, capable de renverser toutes les Constitutions, et de nous ramener l'ancien despotisme; d'ailleurs de deux choses l'une, ou j'ai eu raison, ou j'ai été dans l'erreur; si j'ai eu raison, on me doit de la reconnoissance; si j'ai été dans l'erreur, je mérite de la pitié, et mon erreur même aura l'avantage de prouver toute la vérité de l'opinion contraire.

La Convention Nationale a invité tous les gens de lettres à énoncer leurs opinions sur la nouvelle Constitution, qui va désormais régir la France; or, je demande au Département si cette Loi n'autorise pas tous les François à dire et à écrire que la Constitution décrétée aux années 1789, 1790 et 1791, est mauvaise et contraire aux droits de l'homme? S'il répond que non, il s'ensuivra qu'il n'est pas permis d'être Républicain, car cette Constitution admet expressément un Roi, comme elle admet des Prêtres salariés; il n'y a personne qui ne sente le ridicule d'un pareil raisonnement; il est donc permis d'écrire tout ce qu'on croit vrai et utile aux hommes, cela fût-il contraire à toutes les Lois.

J'ai donc prouvé que tout ce que le Département m'a imputé, est ou faux ou ridicule; j'ai prouvé que mes intentions ont toujours été pures, toujours j'ai obéi aux Lois; toujours j'ai respecté les autorités constituées, mais je n'ai pu m'empêcher de dire, et je dis encore, que l'Arrêté du Département qui ordonne la déportation des Prêtres sermentés dont j'ai parlé, est un acte arbitraire et despotique; je sais que pour l'avoir dit, il m'a suspendu de mes fonctions; son Arrêté est envoyé au Ministre pour être approuvé, peut-être la religion du Ministre sera-

I

t-elle surprise ? On peut me livrer aux Tribunaux, j'y établirai mon innocence ; j'aurai pour défenseurs tous ceux pour qui la liberté n'est pas un vain nom, les VRAIS RÉPUBLICAINS, tous ceux qui ne portent pas plus les chaînes d'un Prêtre constitutionnel, que le masque d'un Prêtre Romain, et qui étrangers à tout, sinon à la vérité, préféreront aux avantages d'une popularité passagère, le solide bonheur de leurs Concitoyens, la destruction des préjugés.

Fait à Bailleul, ce 26 Janvier 1793, l'an deuxième de la République françoise.

H. DECLERCQ.

POST - SCRIPTUM.

Extrait du Registre aux décisions du Directoire du Département du Nord.

(1) VU par nous Administrateurs composant le Directoire du Département du Nord, la Lettre à nous adressée par le Directoire du District d'Hazebrouck, le 28 Novembre dernier, copies y jointes d'une Lettre des Commissaires Municipaux à Bailleul, écrite à l'Administration du District d'Hazebrouck le 6 Octobre dernier, d'une autre Lettre écrite par les Commissaires de la Convention Nationale à la Commission Municipale de Bailleul, en date du 27 du même mois, d'une autre Lettre des Officiers de la nouvelle Municipalité de Bailleul au Directoire du District d'Hazebrouck, du 9 Novembre suivant, d'une Réquisition du même Directoire auxdits Officiers, du 10 du même mois, de la Réponse y faite par lesdits Officiers-Municipaux, le 14 ensuivant, vu aussi un imprimé contenant 15 pages, ayant pour titre : Adresse du Citoyen H. Declercq, Maire de la ville de Bailleul, à ses Concitoyens, ensemble la déclaration en forme de plainte, souscrite le 13 de ce mois par soixante et quelques Citoyens Habitans de la ville de Bailleul, contenant la demande de la déportation de 21 Ecclésiastiques y dénommés, vu aussi la Loi du 26 Août dernier, concernant la déportation des Prêtres insermentés, notre Arrêté du 24 Décembre dernier, l'Extrait du Procès - Verbal du District d'Hazebrouck, du 31 Décembre aussi dernier, ensemble le Procès Verbal de notre Séance publique du 5 Janvier courant, contenant les réponses dudit Declercq, comparant en personne aux

---

(1) J'attendois à tout moment cet Arrêté, lorsqu'impatient de ne le voir arriver, j'ai envoyé ma justification à l'Imprimerie : enfin, il est arrivé, rendu le 23 Janvier dernier, il a été proclamé aujourd'hui 6 Mars 1793.

questions qui lui ont été par nous faites en ladite Séance : ouï le rapport ci-dessus transcrit ; conclusions du Procureur-général-Syndic ;

Nous Administrateurs susdits, considérant que Honoré Declercq, Maire de Bailleul, a évidemment résisté à la Loi en protégeant et retenant dans le sein de la ville de Bailleul des Prêtres dont la déportation a été demandée, tant par des Citoyens en cette Ville, que par le Corps Electoral du District d'Hazebrouck, qu'il a également résisté à l'exécution de la Réquisition du Directoire dudit District, en date du 10 Novembre, et à notre Arrêté du 24 Décembre suivant, que par ses réponses contenues dans le Procès-Verbal de notre Séance du 5 courant, il ne reste aucun doute que ce Particulier est très-dangereux par ses principes (2) contre-révolutionnaires, que l'ordre et la tranquillité publique sont compromis, qu'il est évident par ses réponses et les expressions de son (3) Discours, qui contiennent une satyre amère des précautions prises contre les ennemis de la Révolution (4),

---

(2) Est ce bien moi que le Département a voulu dépeindre dans ce Tableau ? non sans doute, ou son auteur s'est étrangement mépris.

(3) Que veut donc dire ici le rédacteur de cet Arrêté ? en quoi consiste cette prétendue satyre ? lecteur ! lisez le Discours dont parle le Département, il est imprimé ci-dessus, page 46, et jugez du mérite de ces étranges imputations.

(4) A croire le Département, j'étois prêt à résister hostilement à la Loi ; j'étois dévoué à périr pour résister aux Lois, dans l'espoir de soulever une masse de têtes fanatiques, et tout cela, comme vous venez de voir, pour exciter une guerre de religion.

Je ne répondrai pas à cette accusation, parce que je ne trouve pas d'expressions assez mesurées au respect que je dois à une administration supérieure, et au mépris que m'inspirent mes délateurs, et s'il est presque toujours ridicule de rendre publiques les vertus qu'on croit avoir, il est cependant des momens, où c'est un crime de n'en rien dire, et ce moment est celui où des méchans sont

qu'il auroit résisté hostilement à la Loi , si les Commissaires du District d'Hazebrouck n'eussent été autorisés

---

parvenus à égarer , sinon l'opinion publique , du moins
ceux qui devroient la diriger : je vous interpelle tous ,
vous qui me connoissez : ai-je mérité les calomnies dont on
m'abreuve ? Me croyez-vous seulement capable de com-
mettre le moindre des crimes , dont on m'accuse ?

Administrateurs qui avez laissé surprendre aussi légère-
ment votre religion , mon ame s'élève à la hauteur de l'in-
dignation , que votre Arrêté m'inspire ! vous m'accusez de
professer des principes contre révolutionnaires , et depuis
1789 , je me suis sacrifié pour le soutien de la Révolution :
Lieutenant de la Garde Bourgeoise en ladite année , et
Membre du Comité Révolutionnaire , j'ai dans une oc-
currence difficile , soutenu seul en activité ma compagnie,
qui se dissolvoit par l'incivisme des autres Chefs : administrateur du District en 1790 , je fus du Directoire en
1791 , et j'ai servi gratuitement ; Electeur , j'ai refusé
l'indemnité qu'on vouloit m'accorder : vous m'accusez de
tenter la guerre civile , et toutes mes veilles ont été em-
ployées à conseiller l'union , la paix et la tranquillité.
Connoissez-vous mes Ecrits, lisez ma Lettre à M. d'Arberg,
Evêque d'Ypres , les Faits Précieux , la Véritable Jurisdiction du Pape , et jugez si vous connoissez là , l'homme
que vous calomniez aussi impitoyablement ; et faut-il que
je vous dise encore , que lorsque je logeai en 1791 , l'E-
vêque du Département, j'ai failli avoir la maison pillée
par cette masse de têtes fanatiques dont vous parlez , le
Citoyen Primat vous dira , que moi , mes frères , et un
petit nombre de patriotes lui ai sauvé la vie : savez-vous
que j'ai eu le courage de dénoncer jusqu'à l'un de mes
parens , que je croyois l'auteur des troubles qui arrivèrent
alors en cette Ville ? Savez-vous que Membre du Conseil
Général de la Commune , je proposai à cette occasion de
récuser le tribunal de cette Ville , qui avoit commencé le
procès de mon parent , et dont je suspectois à juste titre
le patriotisme ? Savez-vous qu'en 1792 , j'ai été nommé
Commissaire , de concert avec les Citoyens Vanderheile
et Baert, pour procéder à l'organisation de la Garde Nationale , négligée par la Municipalité d'alors ? Savez-vous
que peu de temps après , cette Municipalité ayant été sus-

d'employer toute la force armée dont ils auroient eu besoin, qu'elle devenoit d'autant plus nécessaire, que lui
Honoré Declercq, s'étoit dévoué à périr pour résister aux
Lois, sans doute dans l'espoir de soulever une masse de
têtes fanatiques, capables d'inquiéter ; qu'il y seroit d'autant mieux parvenu qu'en tronquant les expressions et
l'esprit de la Lettre surprise aux Commissaires de la Convention, il persuadoit à ses Concitoyens qu'il obéissoit
à des ordres assez puissans pour déroger aux Décrets.

Considérant enfin, qu'une plus grande tolérance por-
teroit les Citoyens de ce Département à mépriser les
Lois et à opposer leur opinion particulière à leur exécution, que de là naîtront l'anarchie, la guerre civile,
et même celle de religion, de toutes les guerres la plus
cruelle, qu'il est instant de faire un exemple éclatant,
que rien ne peut faire aimer et respecter davantage à
des Citoyens les Lois de leur Patrie, que de punir ceux
des élus du Peuple qui abusent de sa confiance pour
l'égarer et le porter à résister à leur exécution, que les
nommés Jean-Baptiste Flahault-Meurille, Dominique
Mahieux, Dominique Velte, et Pierre Acrnout, se sont

---

pendue, personne ne vouloit accepter les fonctions de
Commissaire, que désigné de faire celle de Maire, j'ai
rallié autour de moi six Citoyens des quatorze, qui
avoient été nommés pour former le Corps Municipal, et
qui, sans moi auroient aussi donné leur démission, qu'ensuite j'ai été élevé à la place de Maire, à l'unanimité des
suffrages ? Connoissez vous les efforts que j'ai faits pendant mon administration pour maintenir la tranquillité,
entretenir l'esprit public, et faire triompher la cause de
la Liberté ? Savez vous enfin, qu'aujourd'hui même,
j'avois envoyé des dons Patriotiques au District ? Non,
je ne regrette pas ce que j'ai fait pour la Révolution !
Administrateurs, je suis opprimé, mais point abattu,
et si je me suis dévoué à mourir, comme vous dites,
c'est pour la gloire de la République : en dernière ana-
lyse, s'il vous faut mon véritable portrait, sachez qu'ennemi du despotisme, de l'esprit de secte et de l'anarchie, je ne crains pas plus l'abus de votre autorité,
que tous les tyrans de la terre.

également rendus coupables en refusant de mettre à exécution les réquisitions du District d Hazebrouck , notre
susdit Arrêté du 24 Décembre , et la Loi du 26 Août
dernier ; avons arrêté et arrêtons qu'Honoré Declercq ,
Maire , et les nommés Jean-Baptiste Flahault-Meurille ,
Dominique Mahieux , Dominique Velte , et Pierre
Aernout , Officiers-Municipaux dudit Bailleul , sont provisoirement suspendus de toutes fonctions Municipales ;
que copies de nos Arrêté et Rapport seront adressées
au Conseil exécutif, pour par lui être prononcé leur
(5) destitution ; qu'enfin , les pièces et copies desdits Rapport et Arrêté , seront remises au Citoyen Procureur-
général Syndic , pour suivre par les voies de droit ,
lesdits Declercq (6) et ses complices , par-devant le

---

(5) *Prononcer leur destitution !* Apparemment que
ce mot est un vice de Commis, car le Département
sait trop bien , que d'après l'art. VII du tit. 3 du chap.
4 de l'Acte Constitutionnel , le Pouvoir exécutif ne
peut que suspendre , et non pas destituer , et que
suivant l'art. 8 , il n'y a que le Corps Législatif , qui
peut prononcer des destitutions.

(6) Comment concilier cet envoi aux Tribunaux avec
les articles que je viens de citer , qui ne donnent qu'au
Corps Législatif seul le pouvoir de faire poursuivre par-
devant les Tribunaux , les Administrateurs ou Municipaux , prévenus de désobéissance aux Lois? Assurément
qu'aucun Juge de Paix ne sera assez téméraire pour me
poursuivre , car si l'on me fait un crime de ne pas
avoir exécuté la déportation de quelques Prêtres , dans
la fausse supposition que je m'en sois rendu coupable ,
j'ai désobéi à la Loi du 26 Août , j'ai commis les crimes
prévus par le quatrième chapitre de la dixième section
de l'Acte Constitutionnel , et aucun Tribunal Civil ni
Criminel ne peut en prendre connoissance sans un Décret de la Convention Nationale. Ce n'est point pour
me soustraire à l'œil sévère de la Justice , que je fais ces
observations , j'ai pour moi ma conscience , ma conduite ,
la lettre des Commissaires de la Convention Nationale
du 27 Octobre , et la Loi du 26 Janvier dernier , qui
ordonne de respecter leurs ordres , au moins provisoirement.

Tribunal criminel; mandons aux Administrateurs et Procureur-Syndic du District d'Hazebrouck, de tenir la main à son exécution, et de faire faire pour icelle, tout ce que de droit.

Fait à Douay, en la Séance publique du Directoire du Département du Nord, le vingt trois Janvier mil sept cent quatre-vingt-treize, l'an deuxième de la République Françoise.

Pour copie conforme audit Registre, *signés*, GIRARD, Vice-Président, et LAGARDE, cadet, Secrétaire-général par interim.

Pour copie conforme à l'extrait ci-dessus;
P. J. REVEL,
J. M. BERTELOOT.